Sin novedad en el Infierno: Manual del Déspota Moderno

Maquiavelo versus Montesquieu: Segundo asalto

Mario J. Mc Loughlin

Prólogo de la primera edición en Castellano

Este escrito tiene su base ideológica en dos páginas de la parte XI del libro V de "La política" (http://classics.mit.edu/Aristotle/politics.5.five.html) de Aristóteles (escrito en el 350 AC), agregándose otras ideas sacadas de La República, El Príncipe, las Críticas a las décadas de Tito Livio, el Contrato Social, La rebelión de las masas, 1984, Un mundo feliz y otros tantos libros que me han impresionado.

Respecto a la forma del mismo, es curioso que por segunda vez sea usado como modelo un libro cuyo autor (Maurice Joly) continúa siendo ignorado. No obstante, lo importante no es la originalidad de las ideas (es difícil serlo en este tema y luego de leer los autores antes mencionados) sino colaborar en la publicidad de las mismas. La pieza sólo trata de aportar algo de reflexión sobre la teoría y práctica de las Instituciones Políticas. También intenta reflejar la profunda semejanza entre las sociedades del pasado y la actual, persistiendo la eterna lucha entre las únicas dos posturas políticas reales: La Libertad y el Absolutismo.

Buenos Aires, enero de 2005

Prologo a la edición en inglés

Este libro fue concebido bajo el sistema político del mundo latino y algunas de sus aseveraciones pueden sonar extrañas o ininteligibles para personas del mundo de habla inglesa. No obstante, los gobiernos del mundo de habla inglesa tienden a parecerse a los del mundo latino, por lo que no sería malo que los ciudadanos que hablan inglés empiecen a prestar atención a estos métodos de gobierno.

Cuando hablo de mundo latino, lo hago porque es la forma habitual en que se menciona esta cultura. Sin embargo, creo que el nombre es incorrecto y debería llamarse mundo católico, ya que responde mucho más a la Iglesia católica que al Latium o al mundo de Roma. Esto se ve claramente en América Central y Sudamérica en donde la cultura original de los nativos fue erradicada y reemplazada por otra. Esto fue llamado colonización, pero en realidad los adelantados españoles eran aventureros que buscaban el oro y la fama pero no dejaban nada de su cultura original. Junto con los adelantados venían los sacerdotes, y ellos sí querían ganar las mentes y almas de los nativos para introducirlos en la Fe Verdadera. Como resultado, la cultura de Latinoamérica es el reflejo de la Iglesia Católica y no de Castilla o Portugal. Así, la política de los países latinos (católicos) refleja los usos de la diplomacia de la Iglesia Católica.

Analizando la Iglesia Católica (en mi opinión, la más maravillosa institución política que ha producido la Humanidad), veremos que ha tomado del Imperio Romano mucha de sus Instituciones, pero con una diferencia fundamental: no ha tenido ejércitos de importancia por lo que su éxito se ha basado en la sutileza. Por ende, las herramientas fundamentales de supervivencia de la Iglesia han sido el espíritu corporativo, la erudición, la hipocresía, la corrupción y las sutiles negociaciones (a menudo, tácitas). Deseo dejar claro que no estoy haciendo una crítica moral, sino una exposición de lo que creo que fueron sus métodos para sobrevivir en un mundo en el que otros tenían ejércitos y violencia. Como novedad, el Papa representaba un poder internacional que ponía límites al poder absoluto de los reyes *en el propio reino de los mismos.* Por su parte y mostrando su pericia política, la Iglesia conformaba a los pueblos predicando la docilidad, la resignación y la humildad, muy favorables para la conservación del statu quo. Quizá por esta prédica de sumisión es que muchos pensadores afirmaron que el catolicismo necesariamente genera el despotismo. La Iglesia Católica desarrolló a la perfección una observación hecha por el Judaísmo: si bien los lobos son más poderosos que las ovejas, el número de éstas las hace más fuertes, y con suma maestría logró que hasta los lobos (príncipes y déspotas) se disfrazaran de ovejas.

La cultura de la Iglesia católica está tan profundamente inserta en la mente de los ciudadanos de los países colonizados por ella que la totalidad de la población es católica, aunque algunos no lo saben. Todos los latinos, incluyendo los ateos, los marxistas y los agnósticos, comparten conceptos católicos como la "solidaridad", el "amor fraternal entre los hombres", la "humildad", la "tolerancia", el "pacifismo", etc. Pero, por supuesto, sagazmente complementadas por una gran dosis de hipocresía que permite hacer una vida normal de "pecador", predicar virtudes católicas y sentir culpa simultáneamente. La doctrina católica es tan extraordinariamente popular que los cismas y las revoluciones como la francesa, sólo quisieron reparar desviaciones de los sacerdotes respecto a la correcta forma "católica" de vivir. De hecho, el Socialismo y el "Progresismo" son intentos de reemplazar a la Iglesia Catolica por otra religión similar, pero su capacidad de competir con una promesa de "Vida Eterna" es ínfima.

Es por eso que la tiranía y el despotismo son la forma de gobierno natural en los países católicos y dudo que esa cultura se modifique. Además, tengo la impresión que en los países angloparlantes estas ideas se hacen cada vez más populares y probablemente las libertades de sus ciudadanos se vean restringidas.

Buenos Aires, 15 de mayo del 2013

Primer acto

Prólogo en el cielo.

Entra Mefistófeles con cara de preocupación y agitado.

Mefistófeles Debí haber sabido que Fausto no era confiable. Si se sabe que el Diablo aceptó una apuesta insegura quedaré desacreditado como demonio. (Piensa y pasea. Se detiene súbitamente).

Mefistófeles Ya sé que haré. ¡Negaré la apuesta!.

Coro celestial (con risas) ¡No podrás! (Luego de un momento) ¿Quieres apostar de nuevo?

Mefistófeles (dudoso) Depende...

Voz de Dios (con sorna) ¿De qué depende?

Mefistófeles (firmemente) De que a mi candidato lo elija yo. Fausto era un tonto y echó todo a perder cuando estábamos por ganar...

Voz de Dios (imperiosamente) Elige tu campeón

Mefistófeles (haciendo gestos de perturbación) ¡Déjame pensar Señor!

Voz de Dios (con calma) Tómate tu tiempo. Tenemos toda la eternidad...

Mefistófeles (para sí) ¡Debo encontrar alguno de primera línea!

Mefistófeles (exclama) ¡Ya sé! ¡Llamaré a Maquiavelo! ¡Él me representará!

Voz de Dios (con calma) ¡Perfecto! ¡Montesquieu será mi representante!

Mefistófeles (entusiasmado) ¡Veremos quien gana! ¡Esta vez tengo un peso pesado para la confrontación! ¡Él probará que el mal siempre triunfa!

<u>Voz de Dios</u> (alegremente) ¡Veremos! ¡Otra vez serás escarmentado! ¡No aprenderás nunca pero me entretienes con tus locuras!

Mefistófeles (con desconfianza) ¡Veremos quien ríe último! ¡Empecemos de una vez!

(suenan coros celestiales mientras la luz se atenúa hasta apagarse)

Acto Segundo

Infierno

La escena está en penumbras y se ven sombras que pasan en un ambiente literalmente dantesco. Una sombra se adelanta (Montesquieu) y trata de ver mejor a otra que le da la espalda (Maquiavelo).

Montesquieu- *¡Estoy perdido! ¡No puedo explicarme como he aparecido en esta región! Preguntaré a esa sombra en donde estoy y trataré de aclarar así mi mente. (Se dirige a la sombra). ¡Alma caritativa! ¿Puedes ayudar a este peregrino y decirme en donde estoy y hacia donde se dirigen estos círculos?*

Maquiavelo- ¡Estamos en el infierno, buen hombre!

Montesquieu- *(para sí) ¿Cómo habré llegado hasta aquí? (Mira con atención a su interlocutor y se dirige a él con entusiasmo) ¡No puedo creer en mi suerte! ¡El gran genio político! ¡Nicolás Maquiavelo!*

Maquiavelo- Veo que conocéis mi nombre pero no merezco tanto elogio. ¿Os conozco?

Montesquieu- *Sí, por supuesto. Veo que los años han dañado vuestra memoria pues ya nos encontramos una vez, aquí mismo, hace un par de siglos. ¿Os suena un trabajo llamado "El espíritu de las Leyes?*

Maquiavelo- Podré olvidarme de mi nombre pero es imposible que pueda olvidar el trabajo del gran Montesquieu. ¡En mi memoria llevo grabados los conceptos de la división de poderes, el maravilloso equilibrio de la democracia moderna, las constituciones, los consejos, los representantes, todo ese universo regido por leyes divinas y maravillosas! ¡Vuestra obra refleja una perfección divina, desafortunadamente más propia del cielo que de la tierra!

Montesquieu- *¿Percibo una cierta ironía en vuestras palabras?*

Maquiavelo- ¡No! Sólo digo que es la perfección de la teoría política. Nadie la ha desarrollado como vos.

Montesquieu- *¿Cómo teoría? La división de poderes se ha aplicado cada vez más desde su descripción y ahora es ley en la mayor parte de los países evolucionados.*

Maquiavelo- (ríe alegremente) ¡Por favor, Maestro! ¡No podemos tomar esas parodias como formas de gobierno reales! Para mí, la situación es otra: El Poder Ejecutivo, el Legislativo y el Judicial constituyen un solo cuerpo: la Clase Dirigente, que saquea a los gobernados y, por ello, genera constante malestar. Quienes se hallan en la cúspide de la pirámide social son Conservadores y quienes no tienen nada que perder son Revolucionarios. Cuando los Conservadores son mínimamente capaces, llenan las vacantes de la corporación de la Clase Dirigente con los más hábiles de los Revolucionarios, convirtiéndolos en Conservadores. A eso le llaman ahora "cooptar".

Montesquieu- *Veo que volvemos a las ideas de El Príncipe. ¡Los tiempos han cambiado! ¡Vuestras teorías son completamente obsoletas!*

Maquiavelo- (displicentemente) Espero que la especie humana haya cambiado con los tiempos... (hace una pausa). (Luego se expresa decididamente). Mi querido amigo, los hombres han sido siempre iguales y yo sólo describí su accionar. ¡Yo no inventé lo Maquiavélico! ¡Sólo lo expuse a la luz!

Maquiavelo- No puedo negar que este tema me interesa. (Luego bruscamente exclama) ¡Detengámonos por un momento!

Montesquieu- *No hay problema. Considerando que estamos en el Infierno, no tengo apuro por llegar a ningún lado.*

Maquiavelo- Os digo que imagináis el Despotismo con su antiguo rostro. Ahora es innecesario matar o torturar a los opositores o reprimir cruelmente al pueblo. Esos remedios sólo pueden ser usados excepcionalmente en el manejo del Gobierno.

Montesquieu- *¡Afortunadamente!*

Maquiavelo- Admiro la perfección intelectual de vuestro sistema de gobierno, pero la considero un entretenimiento similar a probar, por razonamiento, que el invierno no debería existir. Mis enseñanzas están tan vigentes como siempre y si me escucháis, podréis aprender. Los cambios superficiales de la Sociedad hacen cambiar los métodos, pero no sus fines: Actualmente no hay que luchar contra la voluntad del Pueblo: hay que desviarla hacia la nada, vaciando de contenido sus convicciones, dirigiendo sus instintos contra sí mismo, apropiándose de sus ideas y modificándolas. En fin desarmando los hombres hasta convertirlos en seres sin fuerzas ni voluntad.

Montesquieu- *¿Cómo se hace eso?*

Maquiavelo- Hay que detener la tendencia de las sociedades hacia la anarquía y la rebelión. Afortunadamente el llamado "progreso" de las sociedades ha creado la forma más perfecta del absolutismo, porque en vez de reyes, ahora existe un poderoso monstruo impersonal llamado Estado. Este pulpo gigantesco tiene tentáculos que llegan a todos los rincones de la vida nacional y que se hallan comandados por una sola cabeza: la del jefe. Como es anónimo, es una titánica herramienta de opresión para consolidar el sistema del que os he hablado. La tendencia a la anarquía es fácil de anular porque el Estado tiene el monopolio de la violencia legítima, y es capaz de ejercer muchísima más violencia que cualquier particular. La tendencia a la rebelión se combate más sutilmente: las disposiciones legales modernas generan una "máquina de impedir" que anula toda iniciativa personal, haciendo imposible no sólo la actividad política sino cualquier actividad lícita, lo que hace que la energía que se volcaría en la política se consuma luchando contra "molinos de viento". Los Estados modernos tienen una infinidad de disposiciones administrativas que regulen absolutamente todo y los ciudadanos siempre están "en falta". Incluso, la contradicción de las disposiciones da ventaja al gobernante dotándolo de "discrecionalidad".

Montesquieu- *¿Pero eso no haría imposible ejercer cualquier actividad?*

Maquiavelo- ¡Para nada! Habrá una privatización disimulada de la Administración que permitirá anular en la práctica aquellas disposiciones que fueran demasiado distorsivas...

Montesquieu- *¿Privatizar el control gubernamental? ¿Pensáis que el pueblo aceptará controles privados de sus actividades?*

Maquiavelo- ¡Por supuesto! Esta privatización ha existido desde siempre y es perfectamente tolerada por el pueblo...

Montesquieu- *¡Francamente no sé que deciros! Yo no la conozco...*

Maquiavelo- ¡Seguro que conocéis a estos agentes privados! Tal vez porque actúan en forma encubierta no os vienen a la mente enseguida pero si os digo el nombre, os reirás de vuestra distracción...

Montesquieu- *¡Por Dios, nombradlos! No se me ocurre quienes son...*

Maquiavelo- (con gesto de alegría) ¡Los coimeros! Ellos son los que permiten que la Sociedad siga funcionando pese a disposiciones directamente destructivas. Son empleados que actúan como jueces administrativos menores y, a cambio de un beneficio adicional, deciden si la norma se aplica o no. ¡Y generalmente lo hacen bien! Eso sí, el gobernante nunca debe permitir que coimeen por su cuenta: deben pagar un canon directo al mandamás para poder ejercer su actividad (Hace una pausa y continúa).

Volviendo a lo que os decía, todas las disposiciones, decretos y edictos tienen como fin anular cualquier iniciativa personal, expandiendo ad infinitum de las actividades del Estado. De esta forma, toda remuneración, promoción, subsidio o protección dependerá de quien gobierna. Además, se debe intentar arruinar, o reducir al máximo las ganancias de los terratenientes (si fueran importantes en la generación de exportaciones) mediante impuestos y distorsiones porque tienen un acentuado sentido de propiedad e independencia. En el nombre del patriotismo, se deben combatir las empresas transnacionales ya que éstas pueden pedir auxilio a gobiernos más poderosos. Las empresas locales, por más importantes que sean, siempre deben arrodillarse ante el que tiene el poder. Para impedir que el comercio y la industria se hagan incontrolables, los gobiernos otorgan aumentos de salarios desproporcionados y precios máximos que limiten la independencia de la producción. Y todo esto se hace en nombre del Bienestar del Pueblo, que probablemente aplaudirá estas medidas. Como desde la antigüedad los pueblos y los hombres han dado más importancia a las palabras que a los hechos, los gobiernos usan la sutileza para el manejo de las masas, manteniendo apariencias y creando ideas y lenguajes ficticios que sostengan instituciones vacías. Usan el lenguaje progresista hasta el hartazgo para ocultar el sometimiento y confunden al Pueblo de manera tal que es imposible entenderse entre personas con los mismos intereses y convicciones. A eso se le suma un aparente estado de guerra permanente, aún cuando no exista un conflicto, lograr que en el país no haya más que soldados, pobres y algunos pocos ricos. Además, los gobiernos sobornan a los intelectuales, que habitualmente son haraganes y vanidosos, con halagos y un módico sueldo. (Haciendo un gesto de complicidad hacia Montesquieu y riendo francamente agrega): ¡¡¡Son más baratos que los banqueros !!!

Con eso, tienen su fidelidad asegurada ya que si cae el Gobierno, ellos tendrán que ganarse el pan por su cuenta...

Montesquieu- *Continuad.*

Maquiavelo- Respecto a lo exterior, los gobiernos tratan de exportar la tolerancia que reprimen dentro de su país, y así, alardean de una liberalidad que disimula la opresión interna.

En conclusión, es imposible hacer nada contra el Gobierno por temor de caer en la anarquía, la ruina o ser "atacado" por otra potencia que desea saquear las riquezas de la Nación.

Si yo consiguiera esos recursos, os diría: ¡dadme cualquier pueblo libre y lo convertiré en el más obediente del mundo!

Montesquieu- *Bueno. Tomemos un Estado con instituciones firmes y un pueblo libre y veremos cómo podríais retornar al absolutismo.*

Maquiavelo- Es facilísimo.

Montesquieu- *Veremos.*

Maquiavelo- Para hacerlo más difícil partiré de una república pues una monarquía sería demasiado fácil. En una república habrá resistencia debido a las ideas, costumbres y leyes a las que el pueblo está acostumbrado. ¿Es posible que en ésta Nación el poder pueda ser tomado por una conmoción momentánea como un golpe palaciego o un golpe de Estado?

Montesquieu- *Tal vez sea posible, pero creo que es muy difícil que ocurra en un Estado con respeto de las instituciones.*

Maquiavelo- ¿Por qué no? ¿Acaso en todas las sociedades no existen las facciones? ¿No hay en todas ellas partidos, pretendientes, luchas de poder? ¿No puede existir un gobernante débil en cuyo nombre mande en otra persona? ¿No puede morir un gobernante en ejercicio y ser reemplazado por una persona distinta?

Montesquieu- *Por supuesto que puede ocurrir. No obstante, una usurpación, aún cuando pueda iniciarse, jamás alcanzaría el éxito que vos deseáis, pues una cosa es un cambio de Gobierno y otra del sistema de vida e instituciones. Puede ser que alguien perturbe al Estado; que hasta triunfe su facción, pero el cambio en el poder es de personas y no de sistema. Las Instituciones continuarán en equilibrio.*

Maquiavelo- ¿Es posible que seáis tan ingenuo?

Montesquieu- *Probadme lo contrario.*

Maquiavelo- ¿Podemos suponer, al menos, que estoy en el poder momentáneamente, sin ser elegido por el pueblo?

Montesquieu- *Aceptémoslo.*

Maquiavelo- Bien. Estudiemos mi situación. Por el momento soy el único que tiene poder y las instituciones se hallan desconcertadas. Todavía no hay obstáculos a mis acciones, y estoy iniciando una situación en la que trataré de convertirme en jefe ejecutor de las leyes, juez y legislador: lo que encuadra perfectamente en lo que los romanos llamaban "dictadura" (Se ríe alegremente). ¡La mía!

Sin duda, en el momento, reinará la confusión: abundarán las ideas y movimientos de todo tipo, junto con restos del régimen anterior a mi victoria: resentidos con el gobierno anterior que desean cobrar sus humillaciones, ambiciosos que quieren sacar partido, políticos menores que desean conservar su porción de poder, embaucadores que desean halagar la plebe, anarquistas y nihilistas. Esto significa que habrá rencores, desprecio, apetitos, pasiones, pretensiones, pavores, y otros mil sentimientos revolviendo el río en el que yo debo pescar. ¿Cuáles son mis primeras conclusiones? Primero: Hay que llevar calma a la Nación, que agradecerá a quien se la proporcione y segundo, debo ganar al Pueblo pues, pese a una aparente ausencia de fuerza política real, es en realidad toda la fuerza política y yo debo encolumnarlo tras de mí. Mi tarea, como la de cualquier gobernante, legítimo o no, será buscar el apoyo del pueblo. Esto es elemental para cualquier usurpador ya que esa es la fuerza con la que impondré mi poder al resto de las facciones. La obtención del poder por este medio es similar a la conquista de un territorio y como ya mencioné en el "Tratado del Príncipe", quien gobierna debe destruir todas las instituciones para recrearlas de acuerdo a su conveniencia. En mi caso también lo haré pero deberé ser astuto en los procedimientos. Así, en vez de suprimir las Instituciones, las modificaré sutilmente para trastornar su funcionamiento. Nada se salvará: la Justicia, la libertad personal y política, las elecciones, la educación, los medios de prensa. Sin que se note, todos estarán a mi servicio.

Comenzaré dictando algunas disposiciones que, sin derogar las existentes, comiencen a volverlas inocuas.

Montesquieu- _Bueno. Acabáis de tomar el poder; ¿que medidas concretas tomaréis?_

Maquiavelo- Escuchad: Como recién acabo de triunfar, seguramente quedarán algunos focos rebeldes que querrán probar la determinación de mi gobierno. El temor será mi arma y por medio de éste, haré que la Sociedad tiemble y hasta los más osados vacilen.

Montesquieu- ¡Qué novedoso! ¡Vais a derramar sangre como los dictadores antiguos!

Maquiavelo- Eso es antiguo. El temor es sólo una herramienta. Todos los integrantes de la clase dirigente son pasibles de extorsión y soborno así que con la sola amenaza de perseguirlos por sus malas acciones y la promesa de otorgarles beneficios adicionales los tendré comiendo de mi mano. No obstante, es fundamental obtener un control absoluto de los medios represivos pues, en última instancia son quienes pueden mantenerme en el poder por la fuerza. También es fundamental mostrar un exceso inicial en los castigos para demostrar el grado de mi determinación y para mostrar que pueden esperar de mí mis enemigos. Es imprescindible tomar la iniciativa por medio del temor.

Montesquieu- Sí. Pero hasta ahora no veo cambios en los métodos respecto al Tratado del Príncipe.

Maquiavelo- No, en este caso la necesidad va contra mis deseos. Yo desearía no hacerlo y no lo haré.

Montesquieu- Pero ¿entonces, quién lo hará?

Maquiavelo- (maliciosamente) Pues a la clase dirigente la controlará la Policía Secreta, extorsionándolos con sus secretas malas acciones. Y al Pueblo, si fuese necesario, lo amenazarán los represores tradicionales: Las Fuerzas Armadas y de seguridad. La principal función de las fuerzas armadas es la represión interna, y es por ello que países insignificantes tienen fuerzas armadas (Se ríe de la ocurrencia). ¡Nadie en su sano juicio las usaría en una guerra convencional contra potencias extranjeras militarmente más poderosas! Las caras visibles de la instalación del temor serán los jefes de la Policía Secreta y de las fuerzas armadas y de seguridad. Esto tendrá resultados accesorios muy convenientes: los castigados los identificarán como un bando opositor y, por otra parte, éstos quedarán ligados a mí para siempre. Yo quedaría como un mediador entre ambos bandos...

Montesquieu- *¿Y el pueblo no relacionará esa represión con vos?*

Maquiavelo- No, porque para el pueblo, el gobernante no está al tanto de los excesos cometidos por las fuerzas armadas. Los responsables serán personas de segunda línea momentáneamente a cargo y sacrificaré algún ministro al final de la Represión para ofrecer un responsable. De esta forma, el sistema represivo me responderá directamente y, tanto sus jefes como mis ministros, sabrán perfectamente a que bando pertenecen y que suerte correrán si pierdo el Poder.

Montesquieu- *(dudando) Ese enfoque es nuevo para mí. Pero respecto a otro tema, ¿cómo haréis para que se olviden las garantías que la Constitución asegura al Pueblo? ¿No pensáis que os estorbará?*

Maquiavelo- (con firmeza) ¡No hay problema! ¡Dictaré una nueva constitución!

Montesquieu- *(asombrado) ¿Cómo? ¿Eso no sería más complicado aún?*

Maquiavelo- (naturalmente) ¿Porqué? Por ahora soy el único que tiene fuerza y usaré el nombre del Pueblo para dictar mi nueva Constitución.

Montesquieu- *(incrédulo) ¿Pero cómo haréis para arrebatar de un golpe a un pueblo todas sus garantías e instituciones, su estilo de vida?*

Maquiavelo- (didácticamente) Aquí es imprescindible guardar las apariencias, ya que son raras las personas que miran los hechos: os ruego que me digáis cuáles son las normas más firmes de la Nación.

Montesquieu- *(dudando) Temo mencionarlas ante su probable violación...*

Maquiavelo- (con firmeza) Yo mismo lo haré. Seguramente serán la separación de poderes, la libertad individual, de expresión y de culto, el derecho de reunión, de propiedad y de petición, la protección de la morada, la igualdad ante la ley, y el resto de las garantías. ¿No son esos vuestros principios?

Montesquieu- (tratando de adivinar el pensamiento de Maquiavelo) *¡Por supuesto! El mero respeto de algunos de estos derechos os haría las cosas muy difíciles.*

Maquiavelo- Estáis completamente equivocado, pues no sólo los reconoceré, sino que estarán en un lugar principal en mi Constitución: en el Preámbulo.

Montesquieu- *Realmente deberéis recurrir a encantamientos para poder realizar vuestros planes. ¿Cómo burlaréis aquello que consagráis en el preámbulo constitucional?*

Maquiavelo- ¡Atención! Al estar en el preámbulo, proclamaré esos derechos, pero en forma general. Es como decir: "Sostengo y garantizo todos los avances y garantías constitucionales modernas".

Montesquieu- *¿Pero cuál es la diferencia entonces?*

Maquiavelo- Si tales garantías estuviesen detalladamente escritas en mi Constitución, tendría que violarlas si fuera necesario. Si están mencionadas en forma general, el pueblo tiene en apariencia todos los derechos pero en concreto, ninguno. Las mismas quedan a mi arbitrio y según mis necesidades, permitiré su ejercicio.

Montesquieu- *Ahora lo entiendo.*

Maquiavelo- Es imprescindible diferenciar los derechos políticos de los personales. Los pueblos odian la violación de sus garantías individuales por lo que es mucho más espinoso conculcarlas. Los derechos políticos importan a unos pocos, y como ya escribí en mi Tratado, es más fácil modificarlos...

Montesquieu- *Eso tal vez haya sido cierto en el 1500. Ahora los pueblos están más informados y tal vez presientan que la pérdida de las libertades políticas precederá la de sus derechos individuales.*

Maquiavelo- Parecería que creéis que éstos pueblos son distintos de los antiguos en su convicción libertaria. Todos los pueblos sienten una misteriosa atracción por los gobiernos de fuerza, y lo más curioso es que no me refiero sólo al componente más ignorante de la Nación. ¡No! : ante el menor problema, los sectores más informados, que podrían entender mejor vuestras premisas, responderán que no les importa la política, que sólo quieren vivir en paz y que quieren continuar medrando en sus negocios o posiciones de privilegio. Son ínfimos los que tienen convicciones. La mayoría de ellos tienen intereses y mientras los mismos no sean afectados les importa un ardite de las garantías políticas. Están totalmente ocupados en sus actividades cotidianas y en el goce de sus éxitos para preocuparse por abstracciones. Y cuando actúe en contra de las libertades políticas dirán: es cierto, no está bien, pero tal vez es necesario para mantener el orden...

Montesquieu- *Estábamos entonces en que habéis impuesto vuestra constitución al pueblo...*

Maquiavelo- ¿Cómo impuesto? ¿Me juzgáis un descuidado?

Montesquieu- *Otra vez me dejáis desconcertado...*

Maquiavelo- Tengo una idea mejor... Haré que el pueblo ratifique votando los cambios que he hecho. Mi mensaje al Pueblo será: "Todo estaba corrupto y por eso lo he destruido. Ahora crearé El Nuevo Estado, y necesito que me apoyéis confirmando lo que he hecho". Y seré aplaudido...

Montesquieu- *(con pena) Debo reconocer que es probable...*

Maquiavelo- Y por medio del voto popular, que haré universal e incluirá hasta los inmigrantes ilegales, terminaré de legitimar mi gobierno.

Montesquieu- *Sí, ya que desnaturalizáis la votación.*

Maquiavelo- Y la primera prueba ante esta nueva masa de votantes será presentarles mi nueva constitución para que la aprueben o rechacen.

Montesquieu- ¿De verdad podrá ser analizada por el pueblo y los intelectuales? ¿Cómo se examinarán los artículos?

Maquiavelo- ¡De ninguna manera se discutirán! Por Dios, tengamos un poco de sentido común: la constitución se presentará en bloque y debe ser aceptada o rechazada a libro cerrado.

Montesquieu- ¡Pero que Constitución es esa! ¡Así el Pueblo ignorará su contenido!

Maquiavelo- ¿Cuándo alguna constitución fue el resultado de discusiones o asambleas? Siempre es obra de un único intelecto, que la concibe tan completa y coherentemente que puede introducirse en ella por cualquiera de sus partes y desde el fin hacia el principio...

Montesquieu- Parecería que creéis que tratáis con un pueblo de cavernícolas. Os olvidáis que estáis hablando de un pueblo que conoce las Instituciones...

Maquiavelo- No lo niego; por eso sólo las modifico. Cuando os explique completamente mis planes, comprenderéis mejor mi método.

Montesquieu- ¡Adelante!

Maquiavelo- Desde que el mundo es mundo el gobierno tiene tres funciones básicas: de ejecución, normativa y aplicativa de las normas. En la antigüedad estaban todas reunidas en una misma persona, el dictador o rey. En los estados actuales estas funciones están delegadas, por la división de poderes, en diversos cuerpos que, independientemente de su nombre, se repiten: un ejecutivo con su consejo de ministros, un legislativo con senado y un cuerpo de representantes y un tribunal supremo o de casación. Sois lo suficientemente inteligente para comprender que la función siempre existe, mientras que los métodos pueden cambiar.

Montesquieu- *Bueno, vais a poner todas en una sola mano así que suspenderéis las otras instituciones.*

Maquiavelo- Nuevamente me sorprende vuestra falta de flexibilidad mental: disciplinando estas corporaciones, reuniré todas las funciones en mi propia mano sin modificar la apariencia de independencia de poderes. ¿Lo entendéis?

Montesquieu- *¡Obviamente! Nominalmente las Instituciones siguen pero en los hechos desaparecen. Vuestra inspiración viene de Augusto Octavio: dejó el consulado, la pretoría, el tribunado; pero sin cónsules, ni pretores, ni censores ni tribunos.*

Maquiavelo- Os agradezco haberme comparado con Augusto, pues hay muchos ejemplos peores para mencionar. En política hay que conservar las apariencias...

Montesquieu- *(decidido) Dejemos las vaguedades. Ahora estamos en acción...*

Maquiavelo- Muy bien. Respecto al manejo de los ministros no habrá ningún problema dependen de mí.

Montesquieu- *Cierto, eso no es problema...*

Maquiavelo- Segundo: gran parte de los problemas legislativos surge de la facultad de presentar proyectos de ley. Eso permite gravísimos abusos ya que cualquier representante irresponsable, sin la menor información o estudio de un tema, presenta un proyecto de ley que modifica la vida y costumbres de la Nación y, una vez comprobado los daños causados por su iniciativa, cree que todo se excusa con un "yo no me imaginé..."

En mi constitución, se suprimirá completamente cualquier mención acerca de la iniciativa parlamentaria. Prohibiré que puedan presentar proyectos en las sesiones extraordinarias y además usaré toda mi influencia para que sólo sea el Ejecutivo quien presente proyectos de ley. Me favorecen varias cosas: la natural haraganería de los legisladores que favoreceré acortando el período de sesiones, aumentando las vacaciones e invitándolos a viajes y recepciones que eviten que se les ocurra legislar.

Montesquieu- Veo que conocéis a la perfección los atajos hacia el absolutismo, ya que un Estado en el que la iniciativa legislativa sólo la posee el ejecutivo ya habéis reunido en una sola manos dos poderes. No obstante, los legisladores todavía pueden perturbaros modificando vuestros proyectos o posponiéndolos en el tiempo. Apuesto a que no les dejaréis salirse con la suya.

Maquiavelo- Veo que os ponéis más puntilloso que yo. Como yo hago las leyes, no se presentará ninguna que me dañe. Respecto a la posibilidad de enmienda, no les permitiré que cambien una letra a mis proyectos. Mis leyes deben ser aceptadas o rechazadas, pero no modificadas.

Montesquieu- *¿Sospecho que tendréis algo pensado para el caso en que la Legislatura rechace sistemáticamente todos vuestros proyectos de ley?*

Maquiavelo- Si la Legislatura decidiese suicidarse, yo podría impedirlo. Tengo mil formas de ponerlos en vereda. Me aseguraría el nombramiento de presidentes y vicepresidentes de comisiones de forma tal de poner adictos en las mismas. Pero en caso extremo, y dándole satisfacción al Pueblo que detesta a estos aprovechadores, reduciría el número de legisladores a la mitad y amenazaría con disolver el cuerpo, lo que mi Constitución permitirá en casos excepcionales, y elegir los nuevos legisladores por sorteo. Con esto disminuiría el número de rebeldes y pondría a los que queden bajo el terror de una purga total. Los legisladores que comprendan "las necesidades del momento" quedarían exceptuados de la reducción y su "colaboración" sería recompensada con una ayuda monetaria discreta y arbitraria. Creo que con esto, los legisladores tendrán muy clara su opción, ya que no los rechazo sino que les ofrezco pertenecer a mi régimen en forma privilegiada. ¿Os parece suficiente?

Montesquieu- *No tengo dudas de que decidirán de los legisladores. ¿Cómo siguen vuestros planes?*

Maquiavelo- Ahora que tengo control absoluto de la Legislatura, debo establecer una función especial para ella.

Montesquieu- *Si todas las leyes son obra vuestra y vuestros edictos tienen fuerza de ley. ¿Cuál sería esa función?*

Maquiavelo- Le concederé la suprema facultad de modificar la Constitución, en caso de ser necesario.

Montesquieu- *¡Pero acabáis de dictarla vos mismo!*

Maquiavelo- El problema con las constituciones es que cercenan la libertad de acción del gobernante, pero yo no deseo encerrarme a mí mismo. Entonces, dejaré expedita una vía de escape para situaciones que pudieran llevar a revueltas populares. En mi Constitución, el Senado será quien reglamente el ejercicio de los derechos y obligaciones de gobernantes y gobernados. También podrá proponer reformas constitucionales.

Montesquieu- *Ya veo que vuestro Senado, que velará por la constitución, no tendrá vida propia. ¡Vos mismo sois el Senado! ¿Sus decisiones, propuestas y razonamientos serían los vuestros?*

Maquiavelo- Así es.

Montesquieu- *¡Quiere decir que aún aquello que como gobernante habéis concedido con una mano, podéis quitarlo con la otra, responsabilizando a otros y alegando que la Legislatura es independiente! ¡No puedo menos que admirar vuestro genio!*

Maquiavelo- Para vuestra tranquilidad os digo que igual someteré al voto popular las reformas constitucionales de importancia.

Montesquieu- *Entonces preveo una gran dificultad para vos...*

Maquiavelo- ¿Cual?

Montesquieu- *Si afirmáis vuestro poder usando el sufragio popular, entonces, ¡sólo sois un representante del soberano, que es el mismo pueblo!. Al usarlo para afirmar vuestra posición, reconocéis que el pueblo es soberano, y éste podría darse cuenta de su poder. A partir de allí, podría rebelarse...*

Maquiavelo- Calma. ¿Cómo podéis creer que no he previsto esto? Para que el pueblo se movilice es necesario que existan facciosos, y mi constitución me dará dos facultades que me permitirán atacar esa plaga.

Montesquieu- *¿Qué facultades?*

Maquiavelo- La de convocar al pueblo a reunión pública en mi apoyo y, si existe conmoción pública, establecer el estado de sitio que, como bien sabéis, me permite anular todas las garantías constitucionales. No olvidéis que soy el comandante en jefe del ejército y mando todas las fuerzas públicas, por lo que tengo todas las herramientas necesarias para manipular al pueblo y eliminar a los perturbadores.

Montesquieu- *Debo aceptar que al ser vos quien decide si es necesaria la consulta al pueblo, podéis controlarla. Pero aún así, al recurrir al voto popular, ¿permitiréis las discusiones políticas?*

Maquiavelo- ¡Por supuesto que no! ¡No puedo permitir que una discusión incipiente induzca al pueblo a cuestionarlo todo! ¡En poco tiempo perdería el control de las emociones populares y me depondrían rápidamente!

Montesquieu- *Volvemos a lo de antes: reformas y enmiendas presentadas en bloque para su aprobación.*

Maquiavelo- Lo siento, pero es necesario que sea así.

Montesquieu- *Os queda un Poder todavía: ¿cómo manipularéis La Justicia?*

Maquiavelo- No veo ningún problema. Ante todo, gran parte de las leyes represivas ya existirán porque todos los países, en algún momento las han dictado, y en general, pasado el momento de necesidad, no se derogan. Recordaré a los jueces que deben aplicarlas ya que no pueden ignorar la legislación vigente. Además, creo que es un mal ejemplo para el Pueblo ver jueces declinantes por vejez y decretaré que todos los magistrados deben jubilarse a cierta edad. Esto no cambiará las garantías de inamovilidad de los mismos pero me dará nuevos jueces, que sí serán elegidos por mí. Tendré muchas vacantes por año y eso no sólo me permitirá manejar los nuevos nombramientos sino también los ascensos que generen los retiros. Con eso podré desplazar a quien quiera. Siempre existen jóvenes que desean ascender y no ser obstruidos por viejos carcamanes.

Montesquieu- ¿*Llamaréis a eso Justicia?*

Maquiavelo- Por cierto. Esos nuevos magistrados no juzgarán peor que los otros en los asuntos civiles. Sólo se alinearán conmigo para mantener el orden en los asuntos políticos.

Montesquieu- ¿*Cómo puedo creer eso, cuando al ceder en algo es posible que cedan en todo?*

Maquiavelo- No tiene porque no ser así. Lo único que debe desaparecer es el espíritu de cuerpo, la Corporación, que unida puede causarme problemas. Los elementos nuevos me permitirán romper ese frente.

Montesquieu- *Eso originará críticas...*

Maquiavelo- No temo a las críticas. El Gobernante debe actuar de forma tal que imponga su voluntad sobre el resto de los factores de poder.

Maquiavelo- Otra Institución moderna que colabora para un completo control de la sociedad es el llamado "Ministerio Publico", casualmente llamado antes el Ministerio del Rey, porque dependía de la voluntad del Monarca. ¿Debo explicaros la conveniencia de dirigir a los fiscales desde el gobierno central?.

Respecto a la Corte Suprema, última instancia de interpretación de La Ley es un organismo terriblemente peligroso que puede bloquearme y causarme serias y costosas dificultades por lo que no podré ser indiferente a su composición. Si bien el comportamiento del juez es más conservador cuanto más próximo al poder está, yo deberé asegurarme que sus fallos no me dañen.

Montesquieu- *¿Pero como podéis pensar que las leyes pueden interpretarse de cualquier forma? ¿Acaso pensáis que la Corte puede fallar como quiera?*

Maquiavelo- No puedo dar clase de jurisprudencia al autor de "El Espíritu de las Leyes", pero no hay texto, por más claro que sea, que no admita varias interpretaciones. En el derecho político, los legisladores intencionalmente redactan en forma laxa las leyes favoreciendo que su interpretación permita castigar o exceptuar según el caso. Para controlarla puedo recurrir a mi legislación de jubilación para reemplazar los jueces o si esto falla, ampliar el número de miembros con lo que podré poner mis jueces. Por supuesto que también puedo someterlos al juicio político pero sólo lo usare como último recurso porque en lo judicial mi lema será el de quien nada entre tiburones: "la sangre derramada atrae más de ellos". Así que podré establecer mi nueva Justicia con esos hombres. El conjunto de estas medidas de presión me permitirá establecer una buena relación con el tribunal superior, respetándolos y exigiendo el mismo respeto. En ocasiones lo único que les pediré es que no se expidan, de forma tal que los asuntos se vuelvan abstractos.

Montesquieu- Ahora sois experto en Jurisprudencia.

Maquiavelo- Debo serlo. Por suerte, el progreso del derecho me da mucho más control de los procesos judiciales que en el 1500.

Montesquieu- *¿Cómo es eso?*

Maquiavelo- Antes el delito era el factor determinante y entonces había menos margen de manipulación de los resultados. Ahora, como el delincuente es lo importante, existen numerosas circunstancias arbitrarias que permiten que algo sea delito o no y la pena puede ser muy grande o nada. Es suficiente con señalar que la legislación actual castiga "la intención" de cometer delito (es decir, el dolo) en vez de castigar directamente el delito. Además, la cantidad de posibilidades de apelación permite que en algún momento se aplique la decisión más débil.

Montesquieu- *¡Puedo aceptar que eso beneficie a algún delincuente, pero a su vez os impide usar la Justicia para castigar impunemente a vuestros opositores!*

Maquiavelo- (mira a Montesquieu compasivamente) ¡Me conmovéis en vuestra candidez! ¡Me habéis dado la mejor arma que podría pedir para castigar arbitrariamente a quien quiera!

Montesquieu- *(irritado) ¡Probádmelo!*

Maquiavelo- (con jactancia) ¡Es muy, pero muy simple! ¿Que hacéis con quien comete un delito pero está demente?

Montesquieu- *(con agrado de poder derrotar en algo a Maquiavelo)* Estimado Maquiavelo, para cometer delito hay que poder comprender la criminalidad del acto. ¡Un demente es inimputable!

Maquiavelo- (maliciosamente) ¡Qué bien! ¿Que hacéis con él entonces?

Montesquieu- *(terminando su idea)* Es evaluado por profesionales que lo cuidarán para evitar que sea un peligro para sí o terceros.

Maquiavelo- (gozando la situación) ¡Aha! O sea que si unos peritos que ni siquiera son jueces dicen que debe estar encerrado, ¿lo encierran?

Montesquieu- *(comenzando a temer una trampa)* Sólo si se llega a la conclusión que es imprescindible...

Maquiavelo- (terminando de destruirlo) Muy bien. Así que no importa que delito cometió; más aún, puede no haber cometido ninguno, ¡pero si yo consigo declararlo insano puedo tenerlo preso tanto tiempo como desee y puedo sacarlo con sólo hacer que los peritos declaren que está mejor! ¡Es la mejor herramienta de opresión que podría existir!

Montesquieu- *¡Realmente sois un hijo... del Demonio! Es evidente que vuestro accionar se ajusta cada vez más a derecho: ¡al derecho del más fuerte!*

Maquiavelo- Todo derecho obedecido obligatoriamente es el derecho del más fuerte; no sé de excepciones a esta regla. Y continuemos porque la eternidad es infinita, pero la paciencia del auditorio no.

Montesquieu- *No puedo creer como enredáis las cosas, pero tenéis sobre mí la fascinación de la serpiente. Por favor, continuad...*

Maquiavelo- Ya me ocupé de los jueces y ahora pondré en vereda a los abogados que podrían discutir mis medidas. Empezaré bajando al máximo las exigencias académicas en la Facultad de Derecho, de forma tal que los profesionales graduados no tengan conocimientos profundos sobre el tema y, lo que es más importante, sobre los derechos de los individuos. Es importante que las cátedras de Derecho Constitucional estén ocupadas por gente afín con mi régimen pues la Constitución modelo a estudiar será la mía.

Montesquieu- *Comprendo la necesidad de desacreditar las otras...*

Maquiavelo- En segundo lugar y aduciendo la necesidad de evitar excesos, los obligaré a reunirse en una entidad que tendrá el control de la matrícula. Yo, a mi vez, controlaré a las autoridades de esa entidad.

Montesquieu- *Entiendo. Impondréis la colegiación obligatoria.*

Maquiavelo- Llamadle como gustéis. Esa entidad además les retendrá dinero por diversos conceptos y esos montos harán que quienes dirijan al Colegio de Abogados se conviertan en gerentes y dejen de ser abogados. Normalmente, los profesionales exitosos no tienen tiempo para dedicar a tareas gremiales, pero si se desentienden, tendrán que aceptar que yo los controle a través de las autoridades del Colegio. Además, instituiré el Tribunal de Ética, que es un mecanismo de control extraordinario ya que no se basa en ninguna ley sino en el juicio subjetivo de quienes lo integran. El Tribunal de Ética me servirá para sancionar a los abogados díscolos.

Montesquieu- *¡Me alegra no haber tenido que pleitear nunca contra vos! ¡Sois capaz de probar que el cielo es tierra!*

Maquiavelo- Bueno. Ya veis que estoy terminando mi constitución. Ahora me queda lo más difícil.

Montesquieu- *No puedo imaginar que puede ser...*

Maquiavelo- Tengo que lidiar con todos los derechos adquiridos que este pueblo cree gozar: libertad de expresión, de asociación y de prensa, separación de poderes respecto a la Justicia, derecho de elegir y ser elegido. Tengo que anularlos o al menos tornarlos inexistentes.

Montesquieu- *Habéis reconocido los mismos en forma global en el preámbulo de vuestra constitución.*

Maquiavelo- Sí, en forma global. Pero ninguno está expresado en particular. Para manejar este tema debo ser cuidadoso, aunque como siempre, todos los atropellos deben ser realizados de entrada pues los tiempos para las reformas se agotan rápidamente cuando la confianza del pueblo va cediendo. Al promulgar la nueva constitución, dictaré un conjunto de decretos-ley que suspenderán todas las garantías y derechos que considere peligrosos.

Montesquieu- *Coincido con vos en el momento de hacerlo. Como todavía no habéis gobernado es el momento adecuado para conculcar libertades, pues todavía no las habéis violado, y cuando las violéis, ya no existirán para ello.*

Maquiavelo- Al menos me concedéis eso...

Montesquieu- *Sin embargo, todavía no estoy convencido que el pueblo no reaccione ante esta segunda violencia.*

Maquiavelo- El pueblo me dejará hacer pues estará cansado de agitaciones y querrá un poco de paz para dedicarse a sus asuntos personales. Por otra parte asegurare que las restricciones son transitorias, hasta que se logre la estabilidad, evitando, por supuesto, mencionar un plazo.

Montesquieu- *Me temo que esperarán una eternidad ya que directamente habéis abolido la libertad.*

Maquiavelo- Un político nunca hace nada directamente: uso todos los cuidados que se requieren para poder gobernar modernamente. El hecho es que ya tengo las bases de mi organización y controlo los tres Poderes del Estado.

Montesquieu- *(haciéndose el modesto) Lamento molestaros, pero las cosas han cambiado ahora. ¿Habéis oído hablar de un cuarto Poder?*

Maquiavelo- (con expresión de confusión) ¿Un cuarto Poder?

Montesquieu- *(triunfante) ¡Sí! ¡Ahora existe un método de control que en vuestra época ni soñabais! ¿Habéis oído hablar de la influencia de la Prensa?*

Maquiavelo- (con alivio) ¡Uffffff! ¡Habíais logrado preocuparme pensando que había dejado algún cabo suelto!

Montesquieu- *¿Puedo preguntaros que solución tenéis para este Poder?*

Maquiavelo- ¡Por supuesto! Debo clasificar los componentes de la prensa en varias clases: Libros, escritores y editoriales, diarios y otras empresas de medios masivos, periodistas, redactores, y publicistas.

Montesquieu- *Empecemos por el periodismo.*

Maquiavelo- Si, como en otras épocas, cerrara los medios de prensa, causaría conmoción en el pueblo porque éstos lo entretienen y un pueblo sin entretenimiento es muy peligroso. Por ello, volveré a usar mi remedio mágico.

Montesquieu- *¡Nombradme por Dios esa panacea!*

Maquiavelo- Pensaba que ya lo habríais adivinado: ¡Las regulaciones!. Por decreto, de ahora en adelante no se podrá fundar ningún periódico o medio de prensa sin autorización de las autoridades competentes (o sea mi gobierno) y lo mismo ocurrirá con las frecuencias de radio y TV. Con eso impido que el bando opositor tenga nuevos jugadores, pero los que jueguen para mí sí la tendrán.

Montesquieu- *Ya que empezamos con los detalles, ¿cómo haréis con las redacciones hostiles?*

Maquiavelo- Tengo varias formas: la menos sutil es obligar a comunicar cambios en el personal de la redacción a la Secretaria de Prensa (que como imaginaréis controlará todo lo referente a prensa). Pero también puedo presionar a los dueños de los medios con sanciones económicas de forma tal que despidan a todos los redactores hostiles. La presión sobre los dueños puede ser a través de la publicidad oficial, el régimen impositivo, las inspecciones de renta y otras mil formas veladas arruinar a un medio de prensa, que sólo será rentable si logra un arreglo conveniente con mi gobierno. No debéis olvidar que los dueños de los medios de prensa son empresarios y que el fin de su actividad es ganar dinero.

Montesquieu- *Pero los partidos políticos contrarios a vos también tienen intereses en medios de prensa, por lo que no siempre serán presionables con dinero.*

Maquiavelo- Tengo el recurso de aplicar mi legislación represiva.

Montesquieu- *Entonces podríais controlar a la prensa por la vía administrativa o la judicial.*

Maquiavelo- Confío en que no sea necesario. La mayor parte de los medios son dirigidos por gente razonable y no por fundamentalistas de la verdad. Creo que podremos coexistir en paz...

Lo ideal es que en vez de censurarlos yo, lo que es muy antipático, sean los medios los que mediten sobre lo inconveniente que es para la Sociedad la publicidad de ciertos hechos.

Montesquieu- ¿Estamos hablando de autocensura?

Maquiavelo- No lo llamaría así. Prefiero decirle responsabilidad informativa. No olvidéis que podría suprimirlos, pero los dejo vivir. Pese a eso, decretaré la obligación de la Prensa de permitir que el Gobierno clarifique, sin costo alguno y en el mismo medio en el que fue publicada, cualquier información sobre actos de la Administración.

Montesquieu- ¿Es el llamado Derecho a Réplica?

Maquiavelo- Sí. Me parece apropiado. Pero no deseo que los medios y yo perdamos el tiempo en derechos de réplica que a nadie benefician. Creo que todo funcionará mejor si ellos no me critican y yo pago por informar, en esos mismos medios, los logros de mi gobierno. Para eso tendré mi agencia de publicidad oficial. Pero si algún medio me ataca, le haré sentir lo que es estar lejos del calor oficial, pues tengo buena memoria y un brazo muy largo.

Montesquieu- Sin embargo, ¿cómo evitaréis que vuestros enemigos usen la prensa extranjera para combatiros?

Maquiavelo- Enfrentaré el problema de varias formas: haré correr la idea de que quienes critican al país (mi gobierno) en el exterior son "traidores a la patria" (se exalta) ¡Es una vergüenza que se critique al país en el exterior!. Buscaré, además, algún subterfugio impositivo o legal para combatir la entrada de material periodístico extranjero al país; pagaré publicidad en medios que puedan sortear estas dificultades; sobornaré a las agencias noticiosas internacionales y, si es necesario, fundaré mis propios medios de prensa en el exterior, sobre todo en países limítrofes, ofreciendo un acuerdo a los gobiernos de los mismos para evitar ataques de prensa recíprocos de nuestros enemigos internos.

Montesquieu- Veo que vuestro pueblo no sólo ignorará lo que acontece en su país y el mundo sino que también su propia historia.

Maquiavelo- ¡Eso no sólo es conveniente sino deseable! La mayor parte del pueblo que se considera instruido cree que todo el sistema en el que vive existe por generación propia e ignora que es el resultado de muchos años de prueba y error por parte de gente mucho más inteligente. ¡Se trata de la típica rebelión de las masas y deberían agradecerme que les evite análisis para los que carecen de formación!

Montesquieu- Tenéis respuesta para todo. Mostradme ahora vuestras maravillas para el pensamiento más profundo y desarrollado: los libros.

Maquiavelo- (Ríe alegremente) ¡Ja, Ja! ¡No podéis negar que sois un intelectual! Si conocierais esas bestias sufridas del pueblo, os daríais cuenta, que en este tema, puedo comportarme como quien tiene todo el mazo de cartas en la mano y puede tirar la que le pidan.

Montesquieu- Os agradecería que en vez de burlaros me dierais una respuesta.

Maquiavelo- Pues bien: en esta época de información superficial casi nadie lee libros, y los pocos que se leen son comerciales, con derechos de autor, y necesariamente, para que sean masivos, superficiales. Así que puede ser que alguien aprenda algo importante leyendo un libro, pero deberá guardarlo para sí mismo. Por otro lado, expurgaré las bibliotecas públicas de libros peligrosos como el vuestro. Para evitar abusos contra el pueblo por parte de los libreros decretaré que es necesario tener una licencia del gobierno para ejercer dicha actividad. De este modo, aún cuando los autores quieran atacarme les resultará difícil encontrar quien les publique las cosas. ¿Necesito explicaros como usaré esta regulación?...

Montesquieu- Para nada. Os pediría que perdonéis a mis libros, pero creo que será imposible.

Maquiavelo- No os quejéis de ello, pues los haré pasar a la historia como "Libros prohibidos" lo que les dará mucha más importancia en la posteridad que en los pocos años perdidos conmigo. Volviendo al tema, gravaré los libros según el número de páginas, siendo mayor el impuesto cuanto más cortos sean.

Montesquieu- *Me cuesta seguiros...*

Maquiavelo- Es fácil. Si tiene menos de doscientas páginas no calificará como material literario. Para evitar los impuestos y ser llamados literatura "seria", los autores aumentaran el número de páginas haciendo indigestos los libros por su extensión y su costo. Así, los libros extensos no serán leídos y los cortos estarán descalificados por ser "panfletos". Además, ambos serán caros por costo o presión impositiva.

Así, por esta vía, alcanzaré la "autocensura". Con el tiempo, los editores vendrán sin que los llame a buscar consejo sobre que obras pueden imprimirse.

Montesquieu- *Como ya temía, finalmente estáis arrasando con los derechos civiles.*

Maquiavelo-(Con gesto entre displicente y aburrido) Bla, bla, bla...

Montesquieu- *Ya que terminamos con la prensa, pasemos a otro tema.*

Maquiavelo- ¡No, no! ¡Me queréis privar del placer de veros empalidecer ante otras triquiñuelas que voy a sacar de mi galera!

Montesquieu- *¿Pero qué falta hacer?*

Maquiavelo- ¡La mejor parte! Me siento particularmente orgulloso de este desarrollo: ¡Opondré fuego contra fuego! ¡Pondré la prensa contra la prensa!

Montesquieu- *¡Sois una fuente inagotable de maravillas! ¿Que trucos os aprestáis a mostrarme?*

Maquiavelo- Escuchad: como no se podrán abrir nuevos periódicos sin mi autorización, tendré el problema acotado. Entonces fundaré diez medios de prensa por cada uno que se me oponga.

Montesquieu- *Me decepcionáis un poco. Es más de lo mismo...*

Maquiavelo- Es que todavía no habéis captado la idea. Para evitar que el pueblo se dé cuenta de mi accionar, dividiré mis periódicos en varias categorías: La primera será de los completamente oficialistas, que aplaudirán hasta el absurdo mis medidas, la segunda será de periódicos oficialistas de tono más tibio para aquellos que se amoldan a lo establecido. La categoría restante es la más importante pues será la dedicada a mis opositores: tendré diarios de izquierda para los izquierdistas, de derecha para los derechistas, para los católicos y para los de otras religiones, para revolucionarios y conservadores, en fin, a cada uno le daré a leer lo que desee. Estos medios me atacarán y me causarán un montón de problemas.

Montesquieu- *¡Esto parece de ciencia-ficción! ¡Ya no puedo seguiros!*

Maquiavelo- Es muy simple: lograré que todos ellos se opongan a mí bajo la guía de mi Dirección de Prensa y Difusión. Así, organizaré a todos estos medios de forma tal que critiquen nimiedades e incluso sean descorteses conmigo pero nunca vayan al corazón de mi absolutismo. Podré decir que existe una amplia libertad de prensa ya que mostraré una gran tolerancia hacia los ataques y faltas de respeto de la prensa hacia mí. Además, desde éstos medios de Prensa dignos de crédito, iré haciendo progresivos reconocimientos al régimen como para poder establecer verdades que ni los más cerrados opositores puedan cuestionar. En este punto, es fundamental inducir a la discusión de funcionarios e instrumentación de medidas y pero no del origen de las mismas o las Instituciones de mi régimen. Lograré que hasta mis enemigos rindan honores a mis Instituciones. De paso, combato a mis enemigos sin desgastar mi imagen.

Montesquieu- *No puedo menos que decir que esto es verdaderamente maquiavélico.*

Maquiavelo- No os aburriré con las ventajas de manejar a la prensa, pues sois un hombre inteligente.

Montesquieu- *Hay algo que me preocupa de vuestro sistema: ¿Cómo impediréis que los periódicos opositores revelen esta trama?*

Maquiavelo- (le explica como si Montesquieu fuera un niño) ¡Mi querido amigo! Los periodistas forman una cofradía como otras: aunque se detesten entre sí, son reacios a descubrir las relaciones ocultas que todos tienen. Nada hay para ganar en una guerra entre periodistas pues todos tienen sus agachadas. No creo que anden por ahí divulgando sus secretos.

Montesquieu- *Pues deberéis admitir que al extremar los medios represivos, no dejáis a vuestros enemigos otro camino que el de la violencia.*

Maquiavelo- No deseo llegar a ese extremo pues antes aflojaré un poco la cuerda.

Montesquieu- *¿Y qué haréis para lograr ese propósito?*

Maquiavelo- Utilizar todos los medios de difusión ya que la prensa es indispensable para el gobernante moderno. Todos los días llenaré los diarios con los más diversos proyectos. No olvidéis que los pueblos consienten en estar ociosos con la condición de que sus gobernantes estén frenéticamente ocupados. Además siempre serán planes para lograr la grandeza del país, de alcanzar el destino que Dios le marcó, de lo que espera la humanidad de nosotros. En fin, criticaremos los regímenes anteriores por corruptos e ineficientes y aseguraremos que haremos el Nuevo País con Novísimas Ideas (marca con gestos las mayúsculas de esta última frase).

Por otra parte, las editoriales han alentado una literatura desquiciada que es terriblemente dañina para el intelecto, así que en ese campo no interferiré, ya que la vulgaridad del pensamiento de escritores y periodistas será mi mejor aliada para evitar cuestionamientos de fondo. Esto, en líneas generales es lo que tengo pensado para la prensa.

Montesquieu- *¿Terminamos con este tema, entonces?*

Maquiavelo- No he querido aburriros con más detalles ya que todavía tenemos muchos otros campos que poner en orden. Por ejemplo, La Iglesia...

Montesquieu- *¡La Iglesia! ¡Apenas puedo contenerme esperando saber que planes tenéis para la iglesia, ya que esta Corporación ofrece al pueblo nada menos que otra vida, por cierto que mucho mejor que la que sufren en esta tierra!*

Maquiavelo- Aquí debo ser muy cuidadoso. Algunos incautos consideran muerta a la Iglesia Católica pero sólo un tonto puede despreciar a una Institución que ha durado 2000 años. Debo comenzar por la historia para mostrar como la manejaré: antiguamente, la religión se conjugaba con la identidad del pueblo y los dioses eran específicos para cada pueblo. Así, el dios de los judíos era el "Dios de Israel" y cuando los pueblos guerreaban hasta sus propios dioses participaban de forma tal que el vencedor imponía al vencido sus dioses y, si no lo hacía, era a cambio de que los vencidos subordinaran sus dioses a una categoría inferior a la de los dioses del vencedor. El cristianismo modificó eso y permitió que personas de varias naciones compartieran la misma religión, lo que fue percibido por los gobernantes como una amenaza a su poder absoluto y fue combatido de distintas formas: ((Explica didácticamente)) Enrique VIII formó su propia religión y otros propugnaron la separación de la religión del poder político y la educación laica como forma de limitar la injerencia de la Iglesia en la política interna de los países. No obstante, con frecuencia la historia da vuelta y en algunos países islámicos hasta se vuelve a gobiernos religiosos. También es imposible negar que el ser humano es religioso, al punto tal que muchos ateos que consideran ridículo el creer en Dios, no dudarían en luchar a muerte por la Nación, el Marxismo, la Humanidad, los Derechos Humanos, el derecho al aborto y últimamente, la Ecología.

Montesquieu- *¿Y bien?*

Maquiavelo- ¡Mi solución será el último refugio de un canalla: El Patriotismo! El patriotismo es también una religión pagana y por supuesto, su máximo sacerdote es el gobernante de turno. Tomaré, de la Iglesia Católica, toda la liturgia, escenografía, música e incluso la metodología inquisitorial para castigar a los herejes. En realidad, su verdadero nombre sería Nacionalismo pero no lo usaré pues hará recordar a un personaje de mala fama que aplicó este método en Alemania.

Tendré banderas, himnos, monumentos, santos que llamaré héroes, desfiles, uniformes, galas, ceremonias, juras, en fin, dejaré pequeña a la Iglesia Católica respecto a ritos.

Montesquieu- *¿Atacaréis entonces al Catolicismo?*

Maquiavelo- ¡De ninguna manera! ¡Ofreceré a la Iglesia acompañarme en mi gobierno absoluto! ¡Ellos co-celebraran las fiestas patrias, bendecirán mis banderas, mis cañones, mis regimientos! ¡En toda inauguración de algo patriótico tendrá lugar la Iglesia! Y creo que no ha durado 2000 años por emprender luchas tontas cuando se le ofrece a acompañar al Gobierno. ¡Seré el mayor defensor de la Iglesia en mi país y sólo le pediré que no me ataque!

Montesquieu- *¿Entonces compartiréis el poder?*

Maquiavelo- Yo tendré el poder terrenal y ellos el espiritual. No obstante, la modernidad clama por la libertad de cultos, así que tendré que respetar todas las religiones, y por ello, implantar la educación laica.

Montesquieu- *¿Y que ganáis con eso?*

Maquiavelo- Cuando se educa a un niño, usualmente hay tres sectores en pugna: la familia, la Iglesia y el Estado. Sólo la familia ve a ese niño, aunque sea parcilmente, como individuo. Al Estado le interesa como "ciudadano" y a la Iglesia le interesa como "fiel", es decir, como "ladrillos en la pared". Mi primer accionar directo será lograr que los niños pasen de las familias al Estado, mediante la Educación Estatal y un continuo deterioro de la patria potestad de los progenitores. No hay que olvidarse que en los grandes imperios la lealtad era más hacia el Estado que hacia la familia. Pero mi secreta intención será reemplazar la religión de Roma por una civil, cuyo Papa seré yo, y si perdiera el poder, será quien me reemplace. ¡Nunca más aceptaremos la influencia de un príncipe extranjero, así sea puesto por Dios Padre! Y el control de las herejías respecto al Patriotismo dará envidia a la Santa Inquisición ¡pues ya veréis que trato recibe el hereje, el Traidor a La Patria!

Montesquieu- *¿Y creéis que podríais ganar?*

Maquiavelo- ¡Por supuesto! En mi país podrá haber distintas religiones pero todas deberán ser Nacionales. Es decir, no podrá existir religión alguna que se oponga al Patriotismo.

Montesquieu- He quedado agotado. ¡Qué inagotable talento! ¡Bien se nota en esto vuestra experiencia de autor teatral!

Maquiavelo- ¿El tono irónico en vuestras palabras sugiere que no estáis convencido?

Montesquieu- Vuestro pulpo tiene tentáculos para mover todo, pero antes de actuar es necesario informarse. ¿Cómo hará vuestra cabeza para saber que ordenar a los tentáculos?

Maquiavelo- Los intelectuales serán mi voz y los policías secretos serán mis ojos y oídos. Tendré un Ministerio del Pensamiento que tratará de influenciar lo que piense el pueblo y un Estado Policial para lograr que no se expandan "los malos pensamientos".

Montesquieu- Pero eso generará en el pueblo un gran malestar porque es muy desagradable verse controlado de esa forma.

Maquiavelo- Bueno. Teniendo en cuenta que nadie puede impedirle pensar a un sujeto, si se logra que esa persona sienta culpa y se auto reprima, difícilmente hará uso de la libertad de expresión, Sólo dirá lo que los otros consideran correcto. Y los otros serán mis intelectuales a sueldo cuya tarea será general una verdad general y crear "culpa" y represión interna de los "malos pensamientos". La Policía secreta será menos sutil: Tomará información de los empleados sobre sus empleadores, de los encargados de los complejos de vivienda y de todo aquel que pueda tener resentimiento con otro y esté dispuesto, por dinero o placer, a dar información. Fomentaremos también la discordia entre marido y mujer para que se delaten entre sí, sin que parezca que el Gobierno tiene algo que ver con el asunto. A quien conozca el género humano no le resultará asombroso ver con que fruición las personas delatan a otras. Otra parte de la información vendrá del estudio de la correspondencia y comunicaciones y el pueblo no tendrá por que saber que sus correos están controlados.

Por otra parte, Si alguien parece tener malas intenciones respecto a mi gobierno, lo perseguiré pero alegando excusas de otro tipo: en mi Estado, todo el mundo estará en falta por una razón u otra, ya que será imposible estar en regla con todas mis regulaciones.

Montesquieu- Pienso que mi opinión difícilmente os detenga, así que continuad. ¿No teméis las conspiraciones?

Maquiavelo- No. Porque destruiría a todos los conspiradores de entrada. Ya que tengo el Poder Absoluto debo recordar mi propia frase: "La única manera de lidiar con un Príncipe absoluto es el frío acero".

Montesquieu- ¿Cómo haríais?

Maquiavelo- ¡Inicialmente encarcelaría o deportaría a todos los que lucharon contra mi advenimiento! Luego, sutilmente, haría lo mismo con quienes lucharon conmigo pero poseen ideas propias sobre cómo debo gobernar. También, aduciendo combatir la proliferación de sectas, prohibiré pertenecer a cualquier sociedad o cofradía no autorizada. ¡Tal vez castigue numerosos inocentes pero os aseguro que no dejaré un revoltoso en pié al precio que sea! Ya veréis como eso aumenta el respeto del pueblo por mí.

Montesquieu- Temo distraeros cuando estáis usando el cuchillo, pero me pregunto, ¿es necesario el Terrorismo de Estado?

Maquiavelo- Es necesario parecer brutal para evitar serlo. El Gobernante debe evitar la violencia, pero si la usa, debe ser desproporcionada, de forma tal que el pueblo no desee desatarla.

Montesquieu- ¡O sea que en realidad os repugna la violencia!

Maquiavelo- ¡Me repugna el uso inapropiado de la misma! Cuando es apropiada, no existen cuestionamientos a su uso.

Montesquieu Me dais más miedo cuando habláis así que cuando sois cínico. Ya habéis liquidado las conspiraciones.

Maquiavelo- ¡Para nada! Siempre habrá sociedades secretas, sólo que una vez desmanteladas las existentes, tendré agentes en las que se armen, ¡y con un poco de suerte, podré dirigirlas yo mismo y utilizar a esos conspiradores! Me gustaría tener un conspirador importante que pertenezca secretamente a mi propio bando que se me oponga y que reúna a los conspiradores. Lo malo de esta idea es que finalmente este individuo realmente conspirará contra mí, y deberé eliminarlo.

Montesquieu- *Ya veo vuestra gratitud hacia quien os sirve bien. ¿Os ilusionáis con que no se den cuenta que vos manejáis los hilos de la marioneta?*

Maquiavelo- Buen hombre. No conocéis cuánta necedad hay en los ideólogos. Están hechos de sueños. Hablan de libertad, pero sueñan con fundir los individuos en una igualdad masiva que se autodestruye de tanto centralizar. La Sociedad no se compone sólo de cierto número de individuos, sino que se compone esencialmente de individuos diferentes. Si se exagera la unidad, los individuos se convierten en familia, porque ésta tiene más unidad que sus miembros, y por la misma razón, las familias en tribus. Llevando el razonamiento a un extremo, las tribus se fundirán en un rey, que tiene mayor unidad que las tribus. Alcanzada la unidad perfecta en un rey absoluto, la pluralidad muere. La unidad perfecta es conveniente en un régimen militar, que vale en proporción al número, y no a la calidad, de sus miembros y, cómo un pulpo, tiene una sola cabeza y numerosos tentáculos que llevan adelante las órdenes del jefe. Por ende, la igualdad absoluta clama por un rey.

No obstante, los ideólogos son tan peligrosos como los poetas y no se debe ahorrar ningún método de control para evitar que causen enormes problemas y me obliguen a reprimir mucho más severamente.

Montesquieu- *Sois un maestro del suspenso. Por primera vez os veo temer y me hacéis desear la respuesta. ¿A que teméis tanto?*

Maquiavelo- ¡Al terrorismo indiscriminado! Al controlar la Justicia, la Prensa y las formas de represión, algunos individuos se darán cuenta que sólo pueden tomar el camino de la violencia. Ahora bien, el terrorismo es el arma del que es militarmente más débil, ya que la facción que la usa no puede enfrentarme abiertamente. No sería un problema si los atentados tuvieran un blanco definido como ministros, jefes militares o incluso yo mismo. Pero si el terrorismo se ejerciera contra el pueblo, en forma absolutamente irracional, yo estaría obligado a combatirlo realizando dos maniobras que me repugnan: desatar una represión masiva y brutal de contraterrorismo y segundo, competir contra los terroristas para ser más temido que ellos, porque el pueblo cede ante quien le inspira más temor. Si tuviese que realizar estas brutales maniobras, deberé pagar un precio muy alto por conservar el poder y moverme con mucho cuidado para que el pueblo olvide como lo atormenté.

Montesquieu- *¡Eso que decís realmente me causa repugnancia!*

Maquiavelo- A mí también. Por eso deberé abortar cualquier intento de ese tipo sin abjurar del medio que sea.

Montesquieu- *Ruego a Dios que no necesitéis inundar de sangre el país.*

Maquiavelo- Ya veis como empezáis a rogar por que mis métodos sean exitosos. Empezáis a comprender que mi suerte y la del pueblo están indisolublemente unidas. No obstante, no os preocupéis: si lo hago bien, sólo serán unas gotitas en vez de una inundación. Afortunadamente, como es imposible ser terrorista sin la ayuda de otro Estado, podré comprar la información de Inteligencia de ese Estado que me ayude a identificar a los cuadros combatientes y de logística de mis terroristas. Solo castigaré a unos pocos facciosos para evitar hacerlo con el pueblo entero, y lo haré, en lo posible, usando las leyes que he dictado para tal fin.

Montesquieu- *¿Cuáles? ¡Si creéis necesario podéis arrestar un hombre sin darle ninguna garantía!*

Maquiavelo- Estáis en un error. ¡Yo respeto las libertades individuales dentro del marco legal vigente! ¿Quién debería determinar acerca de lo correcto o no de un arresto?

Montesquieu- *¡Magistrados judiciales independientes!*

Maquiavelo- ¡Son conocidas las vacilaciones de los magistrados ordenando arrestos, lo que impide un rápido arresto de los delincuentes!

Montesquieu- *¿Qué delincuentes?*

Maquiavelo- Quienes matan, roban y amenazan a los demás.

Montesquieu- *Intentáis mezclar asesinos con opositores con el fin de combatiendo a los primeros suprimir a los últimos.*

Maquiavelo- No deseo daros clase pues vos sois el magistrado. Pero, ¿no es delincuente quien viola las leyes? Además, muchos asesinos lo hacen por causas del momento, llevados por sus impulsos: ¿Porqué deberían ser más inocentes aquellos que violan la legislación fríamente y sin necesidad? ¿Sólo porque no les agrada quien gobierna pueden cometer delitos? Por mi parte, considero que no debe discriminarse entre delitos comunes y políticos, y debe tratarse igual al ladrón que al conspirador, lo que además ayudará a que el pueblo vea a ambos como igualmente dañosos.

Montesquieu- *¿Y si hubiera juicio por jurados?*

Maquiavelo- Es muy simple: dado que ser jurado es una carga pública, en poco tiempo existirán personas que trabajarán de jurados, pagados y mantenidos por mí, que me darán aún más control de los procesos.

Montesquieu- *Vuestra moral es realmente novedosa y vuestra legislación penal no deja huecos... Ahora, respecto al sufragio, ¿cómo haréis para evitar que áreas opuestas a vos elijan representantes hostiles?*

Maquiavelo- Cuando los candidatos opositores sean proclamados yo también tendré los míos y los publicitaré con la prensa mientras que a los otros los dejaré en silencio. Todos los agentes de mi gobierno, en cualquier área, deberán trabajar para que mis representantes triunfen. Por otra parte, también manipularé la ley electoral ya que sigo a quien dijo: "Las leyes que establecen, otorgan y regulan el voto son fundamentales" ¿Os suena esta frase?

Montesquieu- *Mis palabras en vuestra boca parecen de otro idioma. Yo hablaba de Democracia.*

Maquiavelo- En nombre del Derecho, trato de ser sutil, pero la prohibición de las reuniones se aplicará sobre todo en época pre-electoral. Para que veáis que soy justo, prohibiré primero las reuniones de mis candidatos, quienes en la prensa adicta protestarán acerbamente en nombre de la libertad. Como imaginaréis, también prohibiré las de los otros candidatos, pero lamentablemente éstos no tendrán mucha prensa en la que quejarse.

Montesquieu- *¿Cómo cambiaréis la Ley Electoral?*

Maquiavelo- Ante todo, rediseñaré las jurisdicciones para diluir el voto opositor en las que sea fuerte mezclándolas con otros lugares en los que yo sea muy fuerte. Además, se deberá votar la lista en bloque por lo que los representantes deberán su puesto a quien los puso en la lista y no a quien los votó. Los votantes, en muchos casos, serán incapaces de repetir el nombre de sus candidatos.

Montesquieu- *Vuestras palabras hieren de muerte mi sistema. Es raro que no sugiráis directamente el fraude.*

Maquiavelo- En estos días es más difícil cambiar los votos, pero un político hábil puede comprar indirectamente los votos, haciendo obras públicas y volcando divisas en las regiones que lo apoyan y mandando un tácito mensaje a las opositoras sobre cuál será su suerte si deciden tomar por el camino difícil.

Montesquieu- *¿Pero aún aceptando las posibilidades de éxito de vuestro accionar, si perdierais en algún lado no sería visto como una derrota? ¿No estáis obligado a un éxito incesante?*

Maquiavelo- Tranquilizaos. Puedo tener algunas pequeñas derrotas. En la cámara aplicaré el mismo sistema de la prensa: por cada discurso opositor pondré a declamar mis oradores hasta aburrir a muerte al auditorio y así anularé a ambos lados haciendo que el pueblo no le preste la menor atención al Parlamento. Dada la mayoría con la que cuento en la Cámara no es necesario que os hable de la forma en que se resolverán las votaciones dentro de la misma.

Montesquieu- Hasta ahora lleváis varios triunfos pero os quedan los jóvenes universitarios que en todos los regímenes son opositores, y creo que os causaran problemas.

Maquiavelo- Comenzando por la Universidad, la dependencia de la misma del presupuesto nacional hace que pueda manejarla a través del dinero. Por otra parte, haré un curso anual obligatorio común a todas las universidades, previo a la carrera específica, que me permitirá sembrar en las cabezas de la clase dirigente mis ideas, por supuesto que hábilmente disfrazadas. De esta forma, tendré sucesivas camadas que me darán el control de todos los claustros y el tiempo estará a mi favor.

Montesquieu- ¿Es un curso de adoctrinamiento entonces?

Maquiavelo- Sí. Se llamará "Ciclo Básico Común", pero a mí me gusta llamarlo "Servicio Universitario Obligatorio", para hacerlo comparable con el adoctrinamiento de clases más bajas a través del "Servicio Militar Obligatorio". A los infantes los adoctrinaré a través de la centralización de la Educación Elemental en mi ministerio de Educación, con consignas mucho más burdas y lecturas en las que se fije el concepto de que amo a los niños y ellos me aman a mí.

Montesquieu- Así vais adoctrinando a las futuras generaciones...

Maquiavelo- Es importante conservar en mis manos toda la educación, ya que me permite establecer reglas universales para todo el país y llevar adelante los adoctrinamientos que he mencionado y por otra parte, con la educación gratuita iré anulando los factores de independencia de los padres ya que los mismos no serán capaces de responsabilizarse por la educación de sus hijos. Como os dije antes, la Educación Estatal es contraria a la Educación Familiar y si quiero formar ciudadanos, los niños tienen que ser del Estado y no de sus familias.

Montesquieu- *Si entiendo bien, so pretexto de ayudar a la educación de los hijos, ¡socaváis la dignidad de los padres y su independencia!*

Maquiavelo- No es mi culpa si ellos se me entregan sus hijos y toman el camino del menor esfuerzo. Yo me esforzaré por ellos, pero si lo hago, deberán aceptar mi tutoría.

Montesquieu- *Todo vuestro sistema impresiona como muy bien construido en lo político, pero regímenes como el vuestro inexorablemente tienen problemas económicos que derivan de los gastos necesarios para el control policial y de subordinar la eficiencia de producción a las necesidades momentáneas de gobierno. En este caso, se os opone el curso natural de los acontecimientos más que una voluntad humana.*

Maquiavelo- Bueno. Una Dictadura de otras épocas sería más barata que mi sistema pues gastaría en policía los dineros que yo debo gastar en jueces, legisladores y periodistas. Así que reconozco que mis costos serán mayores...

Montesquieu- *Bueno. Aquí comienzan los problemas. Dado que las guerras actuales arruinan a todos no podéis contar con explotar otros territorios así que la fuente principal de vuestro financiamiento serán los impuestos. En los regímenes absolutistas la ley establece que el Estado, y por ende el Gobernante, es dueño de todos los bienes. Esto legaliza que recupere la posesión un bien que un particular tenga en uso, ya que no hace más que recuperar lo que es propio. Tal vez a quien esté acostumbrado a gozar del uso de un bien no le importen los derechos políticos pero puedo aseguraros que se sentirá, con o sin razón, despojado y tendrá animadversión hacia el gobernante. Vos mismo habéis alertado sobre la inconveniencia de tocar los bienes de los ciudadanos. Y si no os podéis financiar, vuestro régimen se derrumbará sin remedio.*

Maquiavelo- ¡Pero por Dios, mi amigo! ¡Os ahogáis en un vaso de agua!

Montesquieu- *¿Aceptaréis que los impuestos sean votados por el parlamento?*

Maquiavelo- ¿Por qué no? Me conviene que sea otro quien los vota.

Montesquieu- *Pero quienes votan los impuestos son también contribuyentes. Sus intereses son los mismos que los del Pueblo.*

Maquiavelo- Sois un niño: ellos cobran de lo que le saco al Pueblo. ¿Cómo podría pagar sus salarios y privilegios si no pongo impuestos? No tendré ningún problema con eso.

Montesquieu- *Tenéis razón. Lo había olvidado.*

Maquiavelo- Además, los impuestos directos sólo pueden tener efecto sobre quienes tienen algo. Las masas son pobres y les importan un ardite los impuestos pues no son para ellos. Respecto a los impuestos indirectos, ni se darán cuenta de que existen.

Montesquieu- *Me queda claro entonces: hacéis pagar a quienes tienen en nombre de los desposeídos...*

Maquiavelo- ¿Os parece injusto?

Montesquieu- *Por cierto. Cada centavo que va al fisco significa menos riqueza para el pueblo, y siguiendo la ley del gallinero, los problemas resbalan hacia la clase baja, que es la que paga el pato.*

Maquiavelo- Me llenáis de lágrimas los ojos. Os he dicho que es sumamente conveniente que en mi país sean todos pobres, ya que cuando más miserables sean más dependerán de mi ayuda para sobrevivir.

Primero se debe otorgar al Pueblo bienes "gratuitos" (ejemplo: vales de comida) y luego empobrecerlo para que tenga el mismo nivel de vida que al principio, pero ahora no puede comprarse las cosas sino que depende absolutamente de mi gobierno para tenerlas. Antes podía comprar su comida, pero ahora, si yo no se la entrego, no tiene plata para comprarla. Eso hace que no quiera que haya cambios y si hubiera una elección, votaría por mí por temor a que un nuevo gobernante modifique ese fino balance que le permite comer.

Montesquieu- Pero actualmente todos comprenden las finanzas y por ello, será imposible para vos mantener vuestro engaño.

Maquiavelo- Comprenden sólo parcialmente. ¿Porqué decís engañar?

Montesquieu- Porque toda administración financiera, no importa lo extensa que sea, consiste en dos elementos básicos: Ingresos y Egresos y en un Estado, estos están regulados de antemano por el Presupuesto de la Nación. Este es publicado y conocido por todos y se sabe en que se gastará el dinero durante un año.

Maquiavelo- Vuestra explicación es muy interesante. Continuad...

Montesquieu- Bueno. La ley de Presupuesto establece un balance constante y real para que los gastos estén preacordados, financiados y sean completamente transparentes.

Maquiavelo- Me parece perfecto; ¡pero en una emergencia, el Ejecutivo no debería carecer de fondos para enfrentarla!

Montesquieu- No puedo negar que me agrada veros en problemas...

Maquiavelo- ¡Pero yo sé que es posible obtener créditos extraordinarios fuera del período de sesiones del Parlamento!

Montesquieu- Es cierto, pero deben ser convalidados por el Parlamento cuando éste se reúna.

Maquiavelo- No creo que tenga problemas en convalidar un dinero ya gastado.

Montesquieu- Creo que esto no os gustará, pero la política moderna prohíbe modificar el presupuesto sino es por medio del

Poder Legislativo. Más aún, no pueden cambiarse el destino de las partidas, por lo que de no gastarse deben volver al Tesoro. No es posible pasar el dinero de un destino a otro y cada partida presupuestaria es específica para evitar que sea usada con otro fin y además existe un organismo de control, el Tribunal de Cuentas, fiscaliza las cuentas y observa el adecuado cumplimiento del Presupuesto

Maquiavelo- Yo puedo malversar algunos dineros para lidiar en esto del Presupuesto, pero primero usaré medios "legales".

Montesquieu- *Me gustaría, como decís Vos, que evitemos los rodeos.*

Maquiavelo- Muy bien. Seré concreto y dejaré que posteriormente algún escriba le dé forma elegante a mi método. Si puedo lidiar con los controles parlamentarios mucho más lo podré hacer con el Tribunal de Cuentas que es un órgano administrativo que sólo puede auditar gastos que (recalca las palabras) **ya se han hecho,** consignando el resultado de su trabajo. No tiene ninguna facultad importante para impedirme realizar mis gastos.

Montesquieu- *¡O sea que directamente ignoraréis al Tribunal de Cuentas!*

Maquiavelo- ¡Por supuesto! No hice un Golpe de Estado para enredarme con contadores. No os olvidéis que tengo el Poder y por ende, derogaré la ley que me impida pedir créditos extraordinarios sin confirmación parlamentaria ya que no puedo permitir que me controlen individuos que no saben nada de ejecutar. Por otra parte modificare el presupuesto dando grandes partidas a reparticiones como "Gastos Reservados" y a "Servicios de Inteligencia", con lo que podré disponer de fondos a voluntad. El resto de las partidas serán inespecíficas, a lo sumo, irán por Ministerio y dentro del mismo podré pasar el dinero de una repartición a otra. Si fuese necesario podría crear entes internacionales, otorgar préstamos a países ignotos y obtener simultáneamente devoluciones subrepticias de gran parte del préstamo, haciéndose cargo otro de la deuda y además, poniendo numerosos fusibles entre mi persona y el origen del dinero.

Si fallara todo el financiamiento que planeo para tener dinero, siempre tengo la posibilidad de conseguir dinero a través de dos mecanismos muy simples: El primero, es el cobro de comisiones sobre todos los gastos de gobierno que no sean sueldos y el segundo, otorgar, a cambio de un canon mensual, la explotación territorial del país a distintos consignatarios para actividades lucrativas. En una palabra, ser el jefe de los coimeros y el beneficiario de las actividades ilegales regionales. Así, las coimas de la obra pública y de los contrabandos vendrían a mi caja negra y yo manejaría ese dinero arbitrariamente, sin notificarle al Congreso o al pueblo sobre su destino. De paso, el contrabando debilitará al Congreso pero reforzará mi poder económico, sin producir daños en los bolsillos del pueblo. La explotación territorial de actividades ilegales consistiría en dividir el territorio en sectores y otorgar su explotación a cambio de una suma fija mensual, que variaría de acuerdo con lo redituable de la zona. No se me escapa que ser socio de delincuentes me causaría muchos problemas, pero siendo el jefe de la gavilla y teniendo el monopolio de la fuerza los podré controlar. No obstante, el uso de esta segunda opción generaría mucho descontento popular que me afectaría indirectamente por incompetencia para dar seguridad a mi pueblo.

Montesquieu- *La inmoralidad de tu propuesta no me permite siquiera encontrar palabras para condenarla... Es realmente el pensamiento de un monstruo...*

Maquiavelo- Es verdad, pero también es cierto que andar cortando cabezas y encarcelando gente no puede considerarse algo bonito. Y muchos gobiernos lo hacen...

De todas formas, evitaré en lo posible asociarme con el crimen pues sus costos políticos y operativos son muy altos. No se debe olvidar que si un día decido no ejercer más la concesión de territorios para la explotación, deberé eliminar físicamente a todos aquellos que participaron pues no querrán volver a someterse a un sistema de orden y legal... Lo de las coimas es más fácil de manejar pues no implica violencia y los coimeros protestarían pero lo aceptarían...

Montesquieu-¿*Y si desean continuar la actividad sin participaros?*

Maquiavelo- Ahí sí que les caería encima todo el peso de la ley. Si yo no participo de las ganancias, no sólo no contarán con mi protección ante el sistema legal, sino que yo sería su principal perseguidor...

Montesquieu- *Veo que tenéis muchos recursos; No obstante, los financistas son bastante despiertos: ¿No creéis que se alarmarán con el rumbo que tomáis?*

Maquiavelo- Casi todos los financistas son empleados. Sus intereses de corto plazo, como conservar sus empleos y mostrar ganancias se impondrán a los de la empresa, que tienen más largo plazo. Tal vez se puedan preocupar quienes son dueños de sus empresas y vean problemas a largo plazo. Pero esos son una minoría de la que puedo prescindir.

Montesquieu- *Me habéis dado una excelente lección. ¡Quién no es capaz de defender su libertad no podrá defender tampoco su dinero!*

Maquiavelo- ¡Lo habéis expresado de una manera inmejorable! Además, todavía no está probado que todos vayan a ser pobres conmigo. La masa será miserable, pero necesariamente habrá privilegiados. La medida del éxito de mi gobierno será la "Brecha entre ricos y pobres" y no el "Índice de pobreza" ya que la gente puede tolerar la pobreza fácilmente siempre que el vecino lo sea.

Montesquieu- *Veo que vuestro razonamiento es bueno pero os escapáis del tema Presupuesto. Quisiera que me digáis como os escaparéis de esta situación.*

Maquiavelo- Muy bien. Os enseñaré como debéis pensar como gobernante: Lo primero es definir vuestro objetivo y luego encontrar el artificio o camino que permita lograrlo. Entonces, analicemos: El presupuesto anual es sólo una estimación grosera de las finanzas de un año. A mitad de año, ya la realidad no tiene nada que ver con los cálculos iniciales y se debe rectificar lo presupuestado ya que casi sin excepción los gastos superan los ingresos, luego hay suplementos presupuestarios y otros artificios para que a fin de año el Parlamento termine homologando una cifra que puede ser el doble de la inicial.

Montesquieu- No dudo que gastaréis más de la cuenta, pero para eso deberéis conseguir ingresos equivalentes y allí os veo en dificultades.

Maquiavelo- No es tan difícil. Puedo poner como ingresos los impuestos que se recaudarán el año próximo o por el contrario, diferir el pago de los gastos hasta el próximo año.

Montesquieu- Acepto que podríais disimular vuestra contabilidad, pero aún así os falta dinero. Si aumentáis más los impuestos, el pueblo se rebelará.

Maquiavelo- Habrá que ver si se rebela. Pero, para vuestra tranquilidad tengo una solución indolora por la que aumentaré mis gastos enormemente y el pueblo me adorará.

Montesquieu- ¿Pensáis encontrar un tesoro?

Maquiavelo- ¡No me hagáis reír! La solución es muy simple: Me endeudaré. Mejor dicho, endeudaré al país.

Montesquieu- Eso no es mágico ni innovador. Como pensáis quedaros para siempre, recaerá sobre vos el pago de los intereses y al cabo de un tiempo, estaréis en situación peor. Tendréis amortizaciones de deuda que anularán al cabo de un tiempo los beneficios de los préstamos.

Maquiavelo- ¿Y por qué diablos queréis que pague? ¿No sabéis que ese verbo es una mala palabra para un político? No conozco ningún Estado que pague sus deudas.

Montesquieu- ¿No vais a pagar la amortización?

Maquiavelo- Pagaré y no pagaré a la vez. En realidad refinanciaré mis deudas.

Montesquieu- *Vuestros razonamientos tienen algo de diabólico.*

Maquiavelo- ¡Tened presente quien es nuestro anfitrión!

Montesquieu- *Supongamos que refinanciáis. Al cabo de unos años os encontraréis tapado de deudas...*

Maquiavelo- Primero, mentiré. Le echaré la culpa a algún personaje o país odiado para que el pueblo soporte el mal trago y diré que todas las cifras muestran que la situación es mucho mejor que lo que se preveía dadas las excepcionalmente difíciles condiciones que atravesó el País. ¿Os resultan conocidas estas frases?

Montesquieu- *¡Demasiado conocidas! No obstante, será difícil que podáis conformar a los prestamistas con frases.*

Maquiavelo- Tengo mis recursos. ¿Me permitís que os explique cómo haré para que los prestamistas me cortejen?

Montesquieu- *Me encantaría así aprendo a pedir prestado y no pagar.*

Maquiavelo- Los conflictos externos permiten pedir prestado en forma extraordinaria y se puede modificar el destino, bueno, malversar, hasta la mitad del préstamo.

Montesquieu- *¿Pero que banco podría tener tanto dinero para prestaros?*

Maquiavelo- ¡A veces parecéis un principiante! ¡Antes se pedía plata a los bancos! Ahora se negocia mucho mejor ¡pidiendo plata a las personas! Se emiten bonos con cupones de amortización y se colocan entre la población común. Con eso tenemos mucha plata fresca a cambio de papeles y se liquidan, con mucha publicidad, algunas deudas viejas.

Montesquieu- *¡Pero entonces haréis de cada uno de los ciudadanos un usurero!*

Maquiavelo- No sólo serán usureros los ciudadanos: lo serán las ciudades, los bancos, las cajas de previsión, las instituciones mutuales, las cadenas de negocios, ¡todos me prestarán dinero! Además, puedo vender dominios del Estado y, subrepticiamente emitir dinero sin respaldo con lo que podré desinflar hasta un 10 % anual el valor del dinero sin que existan grandes problemas financieros.

Montesquieu- Perdonad lo elemental de mi pregunta pero ¿nunca pagaréis nada?

Maquiavelo- Yo consolidaría mis pasivos periódicamente, en vez de lisa y llanamente pagar.

Montesquieu- Ya me veo venir una trapisonda...

Maquiavelo- Además de los impuestos puedo canjear mis deudas por alguna que tenga menor tasa de interés so pena de devolver el dinero y no tomarlo en préstamo más.

Montesquieu- No entiendo. No es lo suficientemente deshonesto como para ser idea vuestra. Entonces devolveréis el dinero.

Maquiavelo- Lo devolveré a quien se tome numerosas molestias y penalidades para recuperarlo, pero conociendo a los rentistas, os diré que ellos saben perfectamente que están recibiendo demasiada renta por su dinero y lo dejarán en mis manos a menor tasa. A las entidades de previsión directamente les cambiaré los bonos por otros peores pues las personas se jubilan poco a poco y prácticamente nunca hay que devolver la plata. Además, quién puede saber cuanta plata le tocará de jubilación luego de haber aportado 40 años. Por otra parte, ¿qué opinión os merece alguien que ha dado su dinero durante 40 años para que se lo manejen distintos gobiernos?

Montesquieu- El Estado entonces no tiene el dinero y sólo entregará la renta a los pocos que se jubilen.

Maquiavelo- ¡Exacto! Y cada vez que consolide para unificar mis deudas alguien saldrá perdiendo y, por supuesto, no seré yo.

Montesquieu- *¡No carecéis de medios para estafar a vuestro pueblo!*

Maquiavelo- Sólo estafo a los ambiciosos y a los previsores. Os apuesto a que nadie puede sacar algo a los que nada tienen. Debo confesar que me sentiría en la gloria si todo el dinero de mi país estuviera de alguna forma ligado a mí, ¡pues eso me daría más estabilidad aún!

Montesquieu- *Pero a corto plaza el valor de vuestros títulos bajaría en la bolsa.*

Maquiavelo- La bolsa no podría competir conmigo pues soy 1000 veces más fuerte. ¡Dominaré a la bolsa con mi dinero!

Montesquieu- *¡Ya veo que vuestras amantes y ministros y amigos ganarán dinero en la bolsa!*

Maquiavelo.- ¡No pretenderéis que premie a mis amantes con mi propio dinero! ¡Yo también tengo derecho a algunas alegrías y el pueblo debería estar dichoso de financiármelas! Y hablando de dinero, haré que todos los billetes y monedas tengan mi rostro.

Montesquieu- *¿Realmente os parece importante?*

Maquiavelo- ¡Sin duda! La figura que aparece en el dinero es la personificación del poder. Puede ser que lleve a cólera a unos pocos, pero el uso continuo terminará por acostumbrarlos. Y los goces que produce el dinero harán que el pueblo asocie mi imagen con los placeres que pueda comprar. La presencia de mi cara en el dinero me hará soberano.

Montesquieu- *¿Ya habéis consolidado vuestras finanzas?*

Maquiavelo.- Sí.

Montesquieu- *Debo agradeceros porque creí conocer mi libro, El Espíritu de las leyes pero me habéis demostrado que no sólo no conocía el espíritu de las leyes sino tampoco el valor político del dinero.*

Maquiavelo.- Ahora voy a demostraros lo que seguramente estaréis esperando: ¡Que el fin justifica los medios!

Montesquieu- No puedo negar que me interesa el tema.

Maquiavelo.- Estoy contento porque luego de establecido mi régimen, los buenos son felices y los malos están castigados.

Montesquieu- Creo que ya habéis malversado suficientes cosas para empezar ahora a tergiversar las palabras.

Maquiavelo.- (ríe alegremente) ¡Ja, ja! Sois un esgrimista de la dialéctica. Pero quise decir que los que no se meten en política podrán hacer su vida de siempre. No se debe olvidar que deberé desatar una crisis económica periódica ya que los capitalistas están contentos mientras su economía va bien, pero los empleados del gobierno y los estatistas, que viven de un sueldo, una vez alcanzada cierta estabilidad, dejan de preocuparse por las finanzas para empezar a tener malas ideas sobre el estado del resto de las cosas. Como eso trae muchos problemas, cada tanto hay que obligarlos a pensar en su supervivencia, ya que a todos los gobiernos los amenazan los ociosos y no quienes se dedican a ganar plata. A estos últimos les daré ciertas libertades.

Montesquieu- ¿Qué libertades?

Maquiavelo.- Bueno: todos los que en forma independientemente produzcan dinero no serán peligrosos una vez estabilizado el régimen, así que podrán libremente trabajar y aportar los impuestos necesarios para financiar las arcas públicas.

Montesquieu- En verdad no sé que queréis decir aunque temo me estéis tomando el pelo. ¿No hay nada mejor en vuestro accionar?

Maquiavelo.- Trabajaré por el bienestar del pueblo. Me ocuparé de que tengan acceso a los bienes y servicios que merecen...

Montesquieu- Os prefiero cínico que hipócrita. Dejad que el pueblo se las arregle solo, que seguramente será menos dañino que vuestra ayuda, pues como mínimo, os haréis el magnánimo con el dinero de otro. ¡Y es tremendamente conocido el resultado de gastar dinero ajeno en otras personas! ¡Aunque sé que es ley de todo gobernante destruir a su pueblo para mantener su poder, hay un límite que es el terminar gobernando un pueblo degenerado y despreciado en todo el mundo!

En la medida en que al pueblo se le quitan responsabilidades, se le quita dignidad. Así quien no puede alimentar y educar a sus hijos pierde por completo la dignidad y se convierte en un niño, pero como es adulto, en vez de niño es un esclavo. La dependencia del Estado los convierte en esclavos y sólo podrán liberarse a través de la destrucción del Estado. ¿Porque no podéis hacer algo por mejorar la condición de vida y dignidad del pueblo?

Maquiavelo.- Me obligáis a una sinceridad que no deseo tener: es imprescindible que el pueblo sea miserable porque el Gobierno es sólo un administrador entre el Pueblo en estado pasivo (El Estado) y el Pueblo en estado activo (El Soberano) y como no tiene poder real lo debe lograr a costa del pueblo. Para ello, debe usar el método de la triangulación para impedir que la gente se comunique entre sí y sólo pueda hacerlos a través del Político. Se trata de introducirse en una relación en la que uno no es necesario. ¿Os doy un ejemplo práctico?

Montesquieu- Por supuesto!!!

Maquiavelo.- Suponed que deseáis que vuestro hijo aprenda un idioma. Por ejemplo, inglés. ¿Qué hacéis?

Montesquieu- Pues contrato un maestro de ese idioma.

Maquiavelo.- Muy bien!!! Y le pagáis y controláis el resultado de su labor, viendo si vuestro dinero rinde sus frutos...

Montesquieu- Por supuesto!

Maquiavelo.- Bueno. Hasta ahora, yo, que soy un político, me siento fuera de la relación pues nadie me consulta para nada. Y yo necesito ser necesario. Entonces, me conviene crear una regulación inicial...

Montesquieu- ¿Y cuál sería?

Maquiavelo.- Por ejemplo, una que diga que todos los que enseñen inglés tienen que ser maestros de inglés!!!!

Montesquieu- No veo la genialidad... Probablemente todos los que enseñan inglés, sean maestros de ese idioma.

Maquiavelo.- Por eso esta medida no sería resistida por nadie! Pero, al ser aceptada sin discusiones por la población, me inserta en una relación en la que antes no tenía cabida. Posteriormente otra medida podría ser crear un Registro Nacional de Maestros de Inglés, en el que anotaré a todos los maestros existentes, sin hacer muchas preguntas. Los clientes de dichos maestros no verán nada malo en que exista un registro en el que pueda consultarse si el maestro de su hijo está habilitado o no, y los maestros no harás problema pues aceptaré a todos los que se inscriban al iniciarse el registro. Una vez que el registro es aceptado, con la ayuda de los ya aceptados, podré controlar a los nuevos maestros que surjan después de la creación del registro. Como comprenderás, ya me he interpuesto mucho más en la relación maestro-padre pues ahora casi soy yo quien dice quien es maestro o no. El paso final sería hacer el inglés de enseñanza obligatoria en las escuelas!!!! Y con esto, logro que los maestros de inglés sean empleados míos y, a la corta o a la larga le sacaré a los padres el dinero para pagarles. Con eso habré completado mi triangulación: Los maestros me ven como su patrón pero yo no les pago con mi plata sino con la de los padres.

Montesquieu- Queda claro. Ante cualquier problema, ambos deben recurrir al político.

Maquiavelo.- Sí. Y sólo requirió un poco de ingenio, nada más...

Como todo administrador, el Gobierno debe lograr la desunión entre los sectores del Pueblo para poder hacer lo que desea y cuando más miserable sea el Pueblo, más mendigará a la Administración algunos mendrugos que le permitan sobrevivir.

Montesquieu- ¡No hay esperanza para los pueblos!

Maquiavelo.- ¡No la hay! ¿Queréis que os diga como aseguraré los cimientos de mi gobierno?

Montesquieu- No.

Maquiavelo.- No queréis escucharme, os he vencido; a vos, vuestros principios, vuestra escuela y vuestro siglo.

Montesquieu- Muy bien, hablad, pero no sé cuanto más resistiré.

Maquiavelo.- Tomaré los ciudadanos ardientes y los incorporaré a mi ejército a través de la conscripción y así los adoctrinaré. Tomaré a los más ardientes los haré formar mi guardia personal, que sólo dependerá de mí y no de sus jefes, lo que hará que los jefes del ejército tengan cuidado con lo que hacen. No descuidaré la educación de mis soldados tanto en lo militar como en lo ideológico y controlaré como verdadero jefe militar mis soldados. Seré quien dé alegrías y prebendas a los mismos, mientras que los castigos los pondrán los jefes. ¡De más está decir que la Doctrina será que la Patria y Yo somos sinónimos! Y si bien podré ser clemente también haré sentir mi cólera porque el Gobernante es una imagen de Dios y éste puede ser cruel pero también misericordioso.

Para completar todo será Nacional. Se llamará así todo: Corte Suprema Nacional, Parlamento Nacional, General de la Nación, Juez de la Nación, hasta los obispos serán de la Nación y deberán contar con acuerdo para ser nombrados, aunque por cierto siempre confirmaré los nombramientos de Roma.

Montesquieu- ¡Tendréis un ejército propio en vez de una Milicia Nacional!

Maquiavelo.- Os he dicho que la Patria y Yo somos la misma cosa, o tal vez como el Papa y Dios, un ideal y su representación terrenal. ¡Ahora veréis como duraré para siempre en el Gobierno!

Montesquieu- ¡No creo que ya podáis sorprenderme!

Maquiavelo.- Veremos... Los clavos del ataúd de vuestro sistema será mi organización masiva del trabajo. Agremiaré a los trabajadores pero, todos, directamente o a través de decretos regulatorios que muestren que yo puedo cambiar todas las relaciones laborales, trabajarán para mí. Como les aumentaré en forma directa el salario los empleadores se cuidarán de dar nuevos aumentos, con lo que el pueblo me mirará como al único capaz de torcer el brazo a los patrones. ¡De esta forma, aún cuando no trabajen para mí, me reconocerán como su amo! Si yo desapareciera, ardería Troya así que las clases privilegiadas aún contra su voluntad deberán rogar por mi salud y permanencia en el Poder. Además, tendré empleados directos, ya sea en la administración como en la Obra Pública con lo que tendré un ejército de personas que temerán empeorar su condición si pierdo el Poder. Así tendré un ejército militar, uno de obreros, uno de burócratas, uno de jueces...

Montesquieu- ¡Esclavos! Pero seguid, debemos tomar la copa hasta las heces...

Maquiavelo.- He visto que la gente adora las condecoraciones, que no cuestan nada así que mis empleados tendrán numerosas medallas, premios, honores, que harán sentirse distintos de los demás a mis seguidores. Además, si fue condecorado por mí, quedará pegado a mi suerte pues de existir rebelión, seguirá la suerte de los colaboracionistas. En cuanto a los opositores, los compraré con dinero, honores, amantes, elogios hasta que todos estén conmigo.

Ya os he dicho lo importante de aparentar y siempre mis palabras serán lo contrario de la acción, así paz será guerra, amor miedo, etc.

Montesquieu- ¿Tendréis defectos como Gobernante?

Maquiavelo.- ¡Por supuesto! ¡Seré lujurioso! ¡Aunque fuera impotente haría expandirse mi fama de gran conquistador! Al pueblo le agrada esta debilidad en sus gobernantes. Además, no debe olvidarse que la mitad del Pueblo pertenece al bello sexo, que estará encantado de ser objeto de atenciones por mi parte.

Montesquieu- *¡Os tornáis romántico!*

Maquiavelo.- No haré concesiones en esto. Las mujeres son muy importantes en la política y un buen gobernante está condenado a los romances e historias de faldas. Sin embargo, todas estas historias serán rumores porque oficialmente seré muy casto. Rendiré mi tributo a la hipocresía de manera tal de no irritar en demasía a los mojigatos.

Montesquieu- *Os conozco y sé que vuestras palabras, como las de El Príncipe", son más un juego intelectual que una creencia real. No puedo ocultar mi admiración por vuestras agudas observaciones.*

Maquiavelo.- ¡Pobre ingenuo! No comprendéis que para mi Pueblo personificaré el Bien, la Libertad y todas las virtudes positivas y el Pueblo me considerará Dios. Entonces, a mi paso, el Pueblo peleará por conseguir mi atención, como los leprosos ante Jesús, para tener la fortuna de llegar a mí y que yo solucione sus problemas. Sólo deberán tener la fortuna de ser notados por mí. Ante una catástrofe natural, rogarán que yo me entere de su sufrimiento y por ende, lo haga cesar.

Montesquieu- *¿Habéis terminado esta pesadilla?*

Maquiavelo.- ¡Pesadilla¡ ¡Ah Montesquieu! Ya hace siglos, Aristóteles postuló que existían hombres que nacían libres y otros esclavos, pero aceptó que existían diferencias de grado dentro de la misma categoría. Sin profundizar en esto, está claro que niega que los hombres sean iguales. Sé que eso repugna a vuestro pensamiento (mostrando sorna) "moderno", pero tal vez se pueda ejemplificar así: A los niños se los obliga a tareas que no desean y deben cumplirlas en contra de su voluntad, bajo presión. Pero una vez realizada la misma, el niño vuelve a jugar sin pensar más en lo ocurrido ni plantearse que se repetirá. El adulto sigue siendo renuente a cumplir órdenes pero, a diferencia con el niño, recuerda que su voluntad ha sido sometida y arbitra los medios evitar que dicha opresión se repita. Pues bien, mi estimado amigo, "el flujo natural de los acontecimientos", como a vos os gusta decir, o el gobierno "por defecto", es la opresión, ya que la mayor parte de los hombres no alcanzan un crecimiento que los aleje del estado pueril y por ello, no arbitran los medios para tratar de evitar ser sometidos; o bien, en ellos la sumisión no causa un daño tan importante como para que prevean su repetición. Nosotros llamamos "domesticado" al animal que aprendió a convivir bajo las reglas del humano y salvaje, a aquel que no lo hizo. En política, civilizado sería equivalente al animal domesticado y el Bárbaro al salvaje. Escuchad con atención: ¡Lo que os voy a decir os pulverizará como un rayo!

Montesquieu- *¡Tiemblo de pensar en oír algo peor que lo que me habéis dicho hasta ahora!*

Maquiavelo.- Sí: ¡debo confesar que he sido superado!

Montesquieu- *¡Quién puede ser más talentoso que vos en los manejos de la política!*

Maquiavelo.- Todo esto que os he dicho no es más que la observación de los hechos. Sin embargo, el instinto humano para el mal me ha superado: he sido acusado de usar medios innobles para fines nobles pero la humanidad ha logrado que todas vuestras instituciones nobles sean usadas para fines innobles, y así, ¡todas las garantías que vos habéis creado son los medios para esclavizar legítimamente al pueblo más allá de lo que hubiera soñado el tirano más sangriento!

Montesquieu- *¡Oh, usan métodos nobles para fines innobles! Dios eterno, ¡qué he creado!...*

Acto tercero

Epílogo en el cielo

(Entra Mefistófeles bailando y celebrando)

Mefistófeles ¡Qué victoria, Señor! ¡Que victoria!

Coro celestial (seriamente) ¿Cuál victoria, Demonio?

Mefistófeles (riendo) Este aplastante éxito...

Coro celestial (secamente) ¡Es sólo la opinión de Maquiavelo!

Mefistófeles (exagerando) Noooooooooooo... La prueba demoledora de mi triunfo no es el genio de Maquiavelo ¡sino que hasta los iletrados y analfabetos instintivamente generan el mal para la humanidad! Esa es la prueba del carácter perverso de estos insectos que creen ser semejantes a la divinidad.

Voz de Dios (tonante) ¡Creo que voy a planificar intensas lluvias para esas regiones de la Tierra! ¡Dada la capacidad de esta gente para prever las tormentas, probablemente el diluvio los arrastrará antes que se den cuenta!

Telón

Medios de conservación de las tiranías. Aristóteles. 384-322 AC

Este texto de Aristóteles, escrito hace tantos siglos, parece probar la evolucion humana es formal pero no esencial...

"Reprimir toda superioridad que en torno a él se levante; Deshacerse de los hombres de corazón; Prohibir las comidas en común y las asociaciones; Ahogar la instrucción y todo lo que pueda aumentar la cultura; Es decir, impedir todo lo que hace que se tenga valor y confianza en uno mismo; poner obstáculos a los pasatiempos y a todas las reuniones que proporcionan distracción al público, y hacer lo posible para que los súbditos permanezcan sin conocerse los unos a los otros, porque las relaciones entre los individuos dan lugar a que nazca entre ellos una mutua confianza. Además, saber los menores movimientos de los ciudadanos, y obligarles en cierta manera a que no salgan de las puertas de la ciudad, para estar siempre al corriente de lo que hacen, y acostumbrarles, mediante esta continua esclavitud, a la bajeza y a la pusilanimidad. Saber todo lo que dicen y todo lo que hacen los súbditos; tener delatores; Enviar gentes a que se enteren de todo en las sociedades y en las reuniones, porque es uno menos franco cuando se teme el espionaje, y si se habla, todo se sabe; sembrar la discordia y la calumnia entre los ciudadanos; Poner en pugna unos amigos con otros, e irritar al pueblo contra las clases altas, que se procura tener desunidas. A todos estos medios se une otro procedimiento de la tiranía, que es el empobrecer a los súbditos, para que cueste poco controlarlos, y por otra, ocupados aquellos en procurarse los medios diarios de subsistencia, no tengan tiempo para conspirar. Con esta mira se han elevado monumentos faraónicos, trabajos que tienen un solo y único objeto: la ocupación constante y el empobrecimiento del pueblo. Puede considerarse como un medio análogo el sistema de impuestos abusivos. También el tirano hace la guerra para tener en actividad a sus súbditos e imponerles la necesidad perpetua de un jefe militar. El tirano debe desconfiar de sus amigos porque, si los súbditos quieren derrocarlo, son sus amigos son los que están en posición de hacerlo.

El tirano debe fomentar la desconfianza y delación entre marido y mujer, para evitar la conspiración en el seno de las familias y entre empleador y empleado para tenerlos desunidos

En resumen, los fines permanentes de la tiranía se pueden clasificar desde tres puntos de vista principales: primero, el abatimiento moral de los súbditos, porque las almas envilecidas no piensan nunca en conspirar; segundo, la desconfianza de unos ciudadanos respecto de otros, porque no se puede derrocar la tiranía mientras los ciudadanos no estén bastante unidos para poder concertarse; y tercero el agotamiento y el empobrecimiento de los súbditos; porque no se emprende ninguna cosa imposible, y por consiguiente el derrocar a la tiranía, cuando no hay medios de hacerla"

www.ingramcontent.com/pod-product-compliance
Lightning Source LLC
Chambersburg PA
CBHW020329290526
45785CB00007B/2984